# La foi au risque de la psychanalyse

l'amour comme la vie
se donne
mais lui ne ment pas.
Lilo

## Des mêmes auteurs

MÊME COLLECTION

*L'Évangile*
*au risque de la psychanalyse*
t. I (n° 111), t. II (n° 145)

*Françoise Dolto*
*interrogée par*
*Gérard Sévérin*

# La foi au risque de la psychanalyse

*Éditions du Seuil*

Traduction originale des Évangiles réalisée par Gérard Sévérin sur la base des éditions critiques du Nouveau Testament grec (édition Nestlé).

EN COUVERTURE : Tête d'ange retrouvée
dans l'ancienne abbatiale de Cluny.
Musée municipal Ochier, Cluny.
(Photo Pierre Bonzon)

ISBN 2-02-006623-8

# *Avant-propos*

GÉRARD SÉVÉRIN : Après avoir, dans un premier livre, commenté quelques passages d'Évangiles et, dans un second tome, exposé la manière dont « Jésus enseignc le désir et non une morale », voici un livre sur la foi.

FRANÇOISE DOLTO : C'est un projet bien difficile ! Comment, en effet, parler intellectuellement de la foi qui, en fait, est un acte, une expérience de vie. C'est une histoire, bien souvent, sans histoires.

Justement, la psychanalyse n'aurait-elle pas son mot à dire puisque la foi est une expérience humaine...

Humaine... sous certains aspects, oui. Bien sûr, la psychanalyse, par son approche des actes humains, ses découvertes et ses points de repère, peut nous aider à tenter de comprendre, en partie, ce qu'est la foi.

La psychanalyse s'occupe de la psychologie humaine, mais non pas de ce que nous appelons le spirituel. Son objet, pour être brève, vise les interactions de notre psychisme (conscient et inconscient) et de notre histoire personnelle. La théorie psychanalytique et ses découvertes cliniques peuvent, en effet, nous être très précieuses pour aborder et comprendre les dispositions de l'être humain quand il croit...

Mais alors, pour vous, Françoise Dolto, psychanalyste, qu'est-ce que croire ? Que veut dire pour vous : « Je crois en Dieu » ?

Jamais je ne pourrai répondre à une telle question. D'ailleurs, elle ne m'intéresse pas. Tenir un discours sur Dieu, sur la foi, peut passionner certains ; pas moi. Je préfère prendre, comme pour les autres livres, les Évangiles, textes fondateurs de notre civilisation occidentale et qui se donnent comme étant la parole de Dieu. J'y découvre ce que ces écrits évoquent pour moi et comment la libido, désir enraciné dans les processus inconscients, s'y articule.

Pour vous, pas de discussion sur les preuves de l'existence de Dieu, ni sur l'athéisme, ni sur les idéologies.

Vous savez, pour moi, toutes ces théories sont des systèmes de défense. On veut tout expliquer logiquement. On devient totalitaire par peur que ne se glisse une faille ou une ouverture ou une inconnue dans notre vie.

Toute théorie devient pour vous, par conséquent, un symptôme ?

Oui. Un symptôme est un signe, un indice qui cache et révèle en même temps un état psychique ou une crise. Bien souvent, au lieu d'être un tremplin inconfortable et déséquilibrant pour aller plus loin ou ailleurs, la théorie ou le dogme ou le système de pensée sont des bouche-trous qui colmatent les brèches, gomment les interrogations, endiguent les errances.

D'après vous, quiconque organise son savoir, agence ses découvertes d'une manière logique ou dogmatique s'assure contre tout imprévu ou, pire, étouffe ses doutes et fixe ses incertitudes ?

La théorie de quelqu'un ne m'intéresse que si je peux la démonter et la faire mienne, y retrouver, exprimés autrement que je ne l'aurais fait, mes fantasmes, mes découvertes, mon expérience, et laisser tomber de la théorie ce qui n'éclaire pas ce que je ressens, ce à quoi je réfléchis, ce que j'expérimente, ce que je vis.

Vous n'êtes l'élève de personne ?

Si, mais dans le sens et à la mesure que je viens de préciser. Sinon, l' « élève » se coule dans la théorie d'un maître, d'un leader, d'un prophète, etc. Il ne pense pas, il plagie. C'est pourquoi je serais vivement contrariée si mes lecteurs me copiaient ou répétaient mes propos comme si je détenais la vérité.

Chaque lecteur est donc seul à savoir ce qui concerne sa vie, son itinéraire, même s'il erre souvent ? Chaque lecteur doit penser, chercher, inventer, trouver pour lui-même, à ses risques et périls ? Votre « ciel » est vide pour les autres ?

Dans ce que j'écris, le lecteur peut parfois croiser une expression ou une idée ou un raisonnement qui lui

« révèle » une pensée. Mais cette pensée existait déjà en lui ! Il n'osait pas la formuler, ou même ne s'en préoccupait pas. Mais, si mon exposé l'aide à se comprendre davantage, il peut alors fâcheusement croire que je dis « la » vérité, alors que je ne dis qu'un moyen pour moi d'approcher une vérité ! Pour un autre lecteur, ce que j'écris peut ou même doit n'avoir aucune valeur. A chacun son itinéraire.

# 1

# La foi nomade

**Évangile d'après Marc I, 1-15.**

*Ouverture de la bonne nouvelle de Jésus-Christ, fils de Dieu... Comme il est écrit dans Isaïe, le prophète :*

*« J'envoie mon messager devant toi. Il ouvrira ta route.*

*C'est une voix qui crie dans le désert :*
*Préparez la route du Seigneur,*
*Faites-lui des sentiers sans détours. »*

*Paraît Jean, le baptiseur du désert, criant de se lancer dans un changement de vie pour se libérer des fautes.*

*Et toute la contrée de Judée, tous ceux de Jérusalem s'en vont vers lui et se font immerger par lui, dans le fleuve du Jourdain, en avouant leurs fautes.*

*Jean est habillé de crins de chameau avec une ceinture de cuir à la taille. Il mange des sauterelles et du miel sauvage et clame :*

*« Désormais, il arrive, celui qui est plus puissant que moi. Je ne suis pas digne de me baisser pour délier les lanières de ses sandales.*

*Moi, je vous plonge dans l'eau, lui, il vous plongera dans le Souffle Saint. »*

*Ces jours-là, Jésus arrive de Nazareth de Galilée. Il est plongé dans le Jourdain par Jean.*

*Tout de suite, remontant de l'eau, il voit les cieux déchirés et le Souffle, comme un pigeon ramier, descendre sur lui. Et, des cieux, vient une voix : « C'est toi mon fils aimé, en toi je suis comblé. »*

*Et aussitôt, le Souffle le pousse dehors, au désert.*

*Et, dans le désert, pendant quarante jours, il est mis à l'épreuve par Satan. Il est avec les bêtes sauvages, et les anges le servent.*

*Et après que Jean le Baptiseur eut été livré à la justice, Jésus vient en Galilée. Il clame la bonne nouvelle de Dieu en disant :*

*« Le temps est à terme !*
*Il s'approche, le Royaume de Dieu !*
*Changez de vie !*
*Croyez à la bonne nouvelle ! »*

**Évangile d'après Matthieu I, 1-16.**

*Livre de la généalogie de Jésus-Christ, fils de David, fils d'Abraham :*

*Abraham engendre Isaac,*
*Isaac engendre Jacob,*
*Jacob engendre Juda et ses frères,*
*Juda engendre Pharès et Zara, de Thamar,*
*Pharès engendre Esrôm,*
*Esrôm engendre Aram,*
*Aram engendre Aminadab,*
*Aminadab engendre Naassôn,*

*Naassôn engendre Salmon,*
*Salmon engendre Booz, de Rahab,*
*Booz engendre Jobed, de Ruth,*
*Jobed engendre Jessé,*
*Jessé engendre David, le roi,*
*David engendre Salomon, de la femme d'Urie,*
*Salomon engendre Roboam,*
*Roboam engendre Abia,*
*Abia engendre Asa,*
*Asa engendre Josaphat,*
*Josaphat engendre Joram,*
*Joram engendre Ozias,*
*Ozias engendre Joathan,*
*Joathan engendre Achaz,*
*Achaz engendre Ézéchias,*
*Ézéchias engendre Manassé,*
*Manassé engendre Amon,*
*Amon engendre Josias,*
*Josias engendre Jéchonias et ses frères,*
*Ce fut alors la déportation à Babylone.*

*Après la déportation à Babylone,*
*Jéchonias engendre Salathiel,*
*Salathiel engendre Zorobabel,*
*Zorobabel engendre Abioud,*
*Abioud engendre Éliakim,*
*Éliakim engendre Azor,*
*Azor engendre Sadok,*
*Sadok engendre Akhim,*
*Akhim engendre Élioud,*
*Élioud engendre Éléazar,*
*Éléazar engendre Mathan,*
*Mathan engendre Jacob.*

*Jacob engendre Joseph, l'époux de Marie,*
*De laquelle est né Jésus, que l'on appelle Christ.*

**Évangile d'après Luc I, 5-45.**

*Au temps d'Hérode, roi de Judée, il y avait un prêtre de la classe d'Abia qui s'appelait Zacharie. Sa femme, une descendante d'Aaron, s'appelait Élisabeth.*

*L'un et l'autre étaient justes devant Dieu. Ils allaient leur chemin, irréprochables en tout ce que commandait et prescrivait le Seigneur. Mais ils n'avaient pas d'enfant car Élisabeth était stérile et tous deux étaient avancés en âge.*

*Arrive pour Zacharie le tour de son groupe de célébrer l'office divin. Selon la coutume de la prêtrise, il est désigné par le sort pour entrer dans le sanctuaire du Seigneur et y faire brûler l'encens.*

*Toute une foule de gens prie dehors : c'est l'heure de l'encensement.*

*C'est alors qu'un ange du Seigneur lui apparaît, debout, à droite de l'autel de l'encens. En le voyant, Zacharie est bouleversé, une panique s'abat sur lui.*

*L'ange lui dit :*

*« N'aie pas peur, Zacharie, car ta demande a été entendue : Élisabeth, ta femme, te mettra au monde un fils, tu l'appelleras du nom de Jean.*

*Il sera ta joie. Il te transportera de joie.*
*On se réjouira beaucoup de sa naissance.*
*Oui, il sera grand aux yeux du Seigneur.*
*Il ne boira ni vin ni boisson alcoolisée.*
*Il sera rempli du Souffle Saint dès le ventre de sa mère.*

*Il ramènera beaucoup de fils d'Israël vers le Seigneur, leur Dieu.*

*Il ira en avant, sous le regard du Seigneur, avec le souffle et l'énergie d'Élie pour ramener le cœur des pères vers les enfants et les réfractaires à la loyauté.*

*Il préparera pour le Seigneur un peuple bien disposé. »*

*Zacharie dit à l'ange : « Je suis vieux et ma femme a passé le temps. Comment savoir ? »*

*L'ange lui répond :*

*« Je suis Gabriel, celui qui se tient en présence de Dieu. J'ai été envoyé pour te parler, pour t'annoncer cette bonne nouvelle.*

*Mais voilà, tu vas te taire, tu ne pourras plus parler jusqu'au jour où tout cela surviendra parce que tu n'as pas eu confiance en mes paroles qui, en leur temps, se réaliseront. »*

*La foule attend Zacharie et on s'étonne qu'il s'attarde dans le sanctuaire.*

*Il sort et ne peut plus parler. On comprend alors qu'il a eu une vision dans le sanctuaire. Il fait des signes de tête et de droite et de gauche mais il reste muet.*

*Son temps de service liturgique accompli, il rentre chez lui.*

*Quelque temps après, Élisabeth, sa femme, est enceinte et se cache pendant cinq mois, en se disant : « Voilà donc ce que m'a fait le Seigneur quand il a pris soin d'effacer ma honte aux yeux des hommes ! »*

*Au sixième mois, Dieu envoie l'ange Gabriel, dans une ville de Galilée nommée Nazareth, vers une jeune fille promise à un homme nommé Joseph. Il est de la famille de David. Le nom de la jeune fille est Marie.*

*L'ange entre chez elle et lui dit : « Bonjour... la Favorisée ! Le Seigneur est avec toi. »*

*A ces mots, elle est toute bouleversée et se demande d'où lui vient cet accueil.*

*L'ange lui dit :*

*« N'aie pas peur, Marie ! Tu as trouvé faveur auprès de Dieu.*

*Et voici que, dans ton ventre, tu concevras et enfanteras un fils, tu lui donneras le nom de Jésus.*

*Il sera grand. On l'appellera Fils du Très Haut.*

*Le Seigneur Dieu lui donnera le trône de David, son père.*

*Il régnera sur les descendants de Jacob pour toujours.*

*Oui, son règne n'aura pas de fin. »*

*Marie dit à l'ange : « Comment cela adviendra-t-il, je n'ai pas de rapports avec un homme ? »*

*L'ange lui répond :*

*« Le Souffle Saint viendra en toi et l'ombre puissante du Très Haut te couvrira. Ainsi, le petit enfant qui naîtra sera saint. On l'appellera Fils de Dieu.*

*Et apprends qu'Élisabeth, ta parente, a, elle aussi, conçu un fils dans sa vieillesse, mais oui, elle en est à son sixième mois, elle qu'on appelait la stérile !*

*La parole de Dieu est toujours efficace. »*

*Marie dit alors : « Eh bien, je suis la servante du Seigneur. Qu'il soit fait selon ta parole. »*

*Et l'ange la quitte.*

*A ce moment-là, Marie se lève et s'empresse de partir dans le haut du pays pour une ville de Judée...*

*Elle entre dans la maison de Zacharie et elle salue Élisabeth.*

*Et qu'arrive-t-il quand Élisabeth entend le bonjour de*

*Marie ? L'enfant qu'elle porte se met à bondir dans son ventre : Élisabeth est remplie du Souffle Saint. Elle pousse un cri, un grand cri, puis elle dit :*

*« Tu es la plus glorieuse des femmes, glorieux aussi le fruit de ton ventre !...*

*Mais est-ce possible que pour moi la mère de mon Seigneur vienne chez moi ?... En effet, dès que le son de ta voix me saluant est arrivé à mes oreilles, il a bondi de joie, mon enfant, dans mon ventre.*

*Quel bonheur pour celle qui a cru que se réaliserait tout ce qui lui a été dit de la part du Seigneur ! »*

GÉRARD SÉVÉRIN : Avant de dire : « Croyez à la bonne nouvelle ou à l'Évangile de Jésus », Marc relie ce qu'il va énoncer à des textes vieux de sept cents ans. Il commence par Isaïe.

FRANÇOISE DOLTO : Isaïe est considéré comme un prophète. Il décrit donc à l'avance l'action du Christ et son travail de rachat.

Puis Marc présente Jean le Précurseur ou l' « Avant-Coureur » qui vit aux confins du désert. Il plonge dans le fleuve ceux qui veulent renaître. Ce fleuve du Jourdain n'est-il pas signe de naissance comme des eaux amniotiques terrestres nouvelles où est laissé tout ce qui est du passé non marqué de Dieu seul ?

Cette entrée en matière de l'Évangile de Marc, n'est-ce pas aussi un rappel de l'épisode de la mer Rouge dans laquelle furent engloutis les Égyptiens, poursuivant les Juifs, leurs esclaves, qui se libéraient avec Moïse ?

Le baptême que pratiquait Jean est le symbole d'un désir de renaissance du peuple juif à sa vocation de peuple de Dieu qui, bientôt, recevra son guide spirituel.

Jésus se fait donc baptiser par Jean comme tout un chacun de ce peuple. A mon sens, il se montre ainsi solidaire du courant socio-spirituel novateur qui naît au-delà de la routinière religion affadie des maîtres à penser de ce temps-là.

Nouveau Moïse, Jésus traverse avec son peuple la nouvelle mer Rouge : le Jourdain. Le ciel s'ouvre et il reçoit l'investiture de « Fils bien-aimé de Dieu ».

C'est montrer Jésus s'inscrire dans une lignée, héritier spirituel de l'Ancien Testament. Il ouvre une vie nouvelle : Dieu le Père, engendreur idéalisé, fend le ciel et se joint au monde, à toute créature, pour une vie féconde. Jésus va proclamer cette vie, cette bonne nouvelle : Dieu aime l'humain. Il l'embrase d'amour. Disparaîtra alors tout sentiment de culpabilité lié à l'angoisse du désir.

> Mais tout cela est exégèse et non pas psychanalyse. Ne faites-vous pas une interprétation doctrinale des textes que vous triez selon votre fantaisie ou votre foi ?

Je veux attirer l'attention sur le fait que personne ne naît sans un passé. Chacun s'inscrit dans une histoire... Les rapprochements que je tente entre les textes de l'Ancien Testament et ceux du Nouveau veulent montrer que Jésus se glisse dans l'histoire d'un peuple qui croit en la parole créatrice de Dieu.

> Les Hébreux étaient environnés de peuples qui croyaient eux aussi en la fécondité de leurs dieux, en leurs pouvoirs protecteurs et magiques !

D'abord, les Hébreux ne sont pas polythéistes. Ils n'ont qu'un seul Dieu. Mais, de plus, ils n'ont pas divinisé le sexe, qui est bien sûr une des expressions privilégiées de la vie, mais qui, en s'affinant, n'exprimera plus la domination d'un sexe sur l'autre et ne sera donc pas un fétiche. Jésus se dira serviteur des hommes et demandera à ses apôtres de l'être de même. Dès lors, si Jésus affirme une rupture, c'est bien parce qu'elle s'inscrit dans le déroulement d'un état de choses.

Matthieu commence son Évangile en nous présentant la généalogie de Jésus. Conçu par Joseph et Marie, il est le rejeton mâle de deux lignées précises et représentatives de la culture juive fidèle à la loi de Moïse. Avec Aaron, son frère juriste et mage, Moïse a fait sortir de la captivité égyptienne ce peuple qui prit son origine d'Abraham.

> Votre exégèse de ce passage est, semble-t-il, partielle ! Matthieu ne parle d'abord que d'une lignée, celle d'Abraham, Moïse n'y figure pas. De plus, les personnages ne sont pas tous fidèles à la loi, comme vous le dites, tant s'en faut. Quatre femmes y figurent : Thamar, Rahab, Ruth et la femme d'Urie. Trois sont des étrangères, des goys. Chacune a transgressé une loi sexuelle… Voilà la généalogie et l'hérédité de Jésus, et sa pesanteur charnelle.
>
> Vous le savez, chacun peut dégager bien des facettes d'un texte évangélique, mais ici votre propos n'est-il pas de répéter que Jésus s'insère dans le déroulement d'une vie comme chacun de nous ?
>
> En cette nouvelle Genèse qu'est le début de son

Évangile, Matthieu propose donc une multitude d'« histoires » : Jésus n'est pas arrivé en ce monde sans Histoire !
Sinon, que faites-vous ? De l'exégèse ? Sans doute pas ! De la psychanalyse ?... Il ne semble pas non plus !... Vous nous dites la fertilité de votre imagination !

Pourquoi pas aussi ? Un psychanalyste est aussi et toujours un analysant. Ne peut-il se laisser aller à dire ses associations de mots, d'idées, d'images et de sentiments ?

Il me plaît, à travers ces noms d'Abraham, d'Isaac et ces cohortes de personnages, de ressusciter cette Histoire qui les a faits et qu'ils ont faite même si n'est pas mentionné nommément tel ou tel. Ainsi de Moïse.

Moïse va rendre libre ce peuple : il l'entraîne hors d'Égypte. Quarante ans durant, il fera sa traversée du désert avant de découvrir la terre promise par Dieu : Canaan, où coulent le lait et le miel.

Moïse, lui, ne parviendra pas à cette terre. Il mourra avant, mais il aura créé un peuple.

Pour ce faire, il édicte des lois et des interdits concernant la nourriture, les gestes de la vie quotidienne. Leur observance unit ce peuple monothéiste si divers et permet à la culture juive de se constituer et de résister à travers les siècles.

Quant aux femmes « étrangères » incluses dans la lignée de Jésus, elles affirment que le biologique est bousculé : c'est la visée spirituelle qui prévaut. Chez les Juifs, en effet, la gestation par une mère juive garantissait l'appartenance au peuple de Dieu. Cette généalogie n'ouvre-t-elle pas déjà, au monde entier, le message de Jésus ? N'est-il pas un Juif universel ?

Cette culture juive est un ciment social. Est-elle aussi spirituelle ? Jésus va durant trois ans initier ses apôtres à dépasser cet aspect de civilisation pour les aider à penser « monde », pour les faire sortir des frontières juives, pour les emmener sur une autre rive, vers un espace spirituel.

Aussitôt sorti du Jourdain — comme ses ancêtres sortant de la mer Rouge —, Jésus va au désert. Quarante jours durant. Il n'y rencontre pas le « veau d'or », comme ses devanciers, mais d'autres fétiches séducteurs. Dans cette solitude où il se prépare à sa vie publique, il est tenté de baser son programme sur la puissance psychique, socio-politique et même magique qui attire les humains. Sa fidélité à la parole de Dieu lui permet de se débarrasser de ces pulsions brutes.

Matthieu nous désigne donc Jésus comme le fils spirituel de la culture juive. Il est Fils de l'homme, créature parlante, médiateur de la seule parole de Vérité.

Luc commence par Zacharie et Élisabeth, les parents de Jean-Baptiste, qui font penser à Abraham et à Sara, les parents d'Isaac. Jean et Isaac sont chacun fils d'une femme âgée jusque-là stérile. Puis Luc raconte la conception de Jésus par la jeune fille Marie fécondée par l'esprit de Dieu, par l'ombre de Dieu, alors qu'elle reste fidèle à son homme, à l'époux à qui elle est promise.

C'est ensuite la rencontre lyrique et mystique des deux femmes, Élisabeth et Marie. Elles jubilent de leur personnelle et impersonnelle fécondité mise au service de leur peuple et de l'humanité.

Dans cet Évangile est réhabilitée la spiritualité du destin maternel initiatique de chaque femme vis-à-vis de l'enfant qu'elle porte : elle peut manifester par son désir le désir de Dieu en acceptant totalement sa voie particulière, dans laquelle elle s'aventure sans retour.

A l'humanité est ici donné l'Évangile de la femme, et cela par ce peuple juif qui, politiquement, psychiquement et spirituellement, faisait de ses femmes des objets de possession — souvent impures, toujours esclaves des mâles.

> Vous êtes femme, vous avez donc dégagé cet aspect. Ce texte d'Évangile vous est un prétexte pour dire quelque chose de vous. Les exégètes traditionnels font de même sans le dire. Donnons aussi leur version :
> Luc dit : « Au temps d'Hérode, roi de Judée, il y avait un prêtre nommé Zacharie, de la classe d'Abia. Sa femme, Élisabeth, appartenait à la descendance d'Aaron. » Jean, le futur baptiseur, va naître de ce couple : le père est prêtre et la mère se rattache à la classe sacerdotale du temps d'Aaron, frère de Moïse.
> Plus loin, c'est le récit de la conception chez Marie, Joseph est de la famille royale de David. Il n'y a ici rien de sacerdotal. Luc indique que Jésus fait rupture. Il n'est pas prêtre juif. Il ne descend pas de ce clan religieux comme Jean-Baptiste. Jésus s'inscrit bien dans une histoire, mais, pour les Juifs de son temps, Jésus est un « laïc », né de parents « laïcs ».

Et Jean. « Au commencement était le Verbe », ainsi s'ouvre l'Évangile de Jean. Peut-être Jésus est-il situé avant même de naître, peut-être avant sa conception, au griffon de tout langage, à la source du Dieu-Acte, du

Dieu-Verbe qui s'incarne en chair d'homme, au masculin.

Cette incarnation du Verbe de Dieu, ne serait-ce pas le désir de Dieu qui appelle l'humanité à le recevoir, cette humanité préparée de longue date par une rude discipline morale et vivant dans la crainte de Dieu ?

Jean l'Évangéliste présente Jean le Baptiste qui s'inscrit dans la lignée des prophètes. Il le dit lui-même : « Je suis la voix de celui qui crie dans le désert : " Aplanissez le chemin du Seigneur ", comme l'a dit le prophète Isaïe » (Jn I, 23). Il annonce Jésus… et c'est écrit depuis longtemps.

Reprenant l'événement du baptême de Jésus, Jean cite les paroles de Jean-Baptiste qui désigne Jésus comme « Agneau de Dieu », ce qui évoque pour tout Juif l'agneau pascal, celui que Moïse ordonnait de sacrifier à chaque fête de Pâque pour purifier chaque famille de toutes les fautes de l'année écoulée. Et voilà Jésus inscrit à nouveau dans l'histoire du peuple juif, troupeau de béliers et de brebis gardé par un pasteur qui régit tous leurs comportements, les marque de sa loi, par laquelle ils se distinguent du reste de l'humanité.

Les quatre évangélistes parlent, chacun à sa façon, des origines de ce Jésus et de son peuple qui depuis Abraham a obéi à la parole de Dieu ; mais avant ce fondateur, Jésus existait ; depuis toujours il est auprès de Dieu, Verbe de Dieu. Ainsi Jésus, opérant la mutation de la spiritualité juive, prend-il sa source ailleurs qu'en ce peuple hébreu et ailleurs que dans les humaines paroles des prêtres, scribes et rois qui l'ont précédé.

Pour moi comme pour les évangélistes, Jésus est Dieu parlant et agissant à travers cet homme en qui Dieu est conjoint.

Au commencement de chaque Évangile, il est donc dit que la venue de Jésus et la foi en lui s'inscrivent dans une histoire.
Dès lors, c'est après coup que l'on trouve un sens à ce qui est dit ou à ce qui arrive.

Que nous enseigne la psychanalyse, sinon que pour bien se comprendre il est nécessaire de connaître les événements de sa vie et même et surtout ceux de sa petite enfance ? C'est toujours après coup que l'on analyse. Rares sont les prévisions. Oui, le sens arrive après coup à notre conscience comme un accomplissement en marche d'un sens inconscient qui a mené nos pas, faux et vrais, au jour le jour.

Ainsi, le sens de la vie de chacun ne pourra être interprété qu'à sa mort. Et, pour le croyant en Dieu, le sens de la mort ne sera appréhendé qu'à sa résurrection.

Et, pour moi, tout l'Ancien Testament est une immense préparation du sens que Jésus va dévoiler au peuple juif et à l'espèce humaine tout entière.

Les quatre évangélistes en effet, nous venons de le voir, rattachent nombre de faits, de paroles ou de gestes de Jésus aux écrits ou aux événements de l'Ancien Testament : la visite des mages, le massacre des innocents et même la trahison de Judas dont parle le prophète Jérémie et l'expiration de Jésus annoncée dans le Psaume XXII.

D'après Luc, c'est Jésus lui-même qui nous indique ce que je viens d'annoncer : il affirme que la foi s'insère dans une histoire et dans un peuple.

Rappelez-vous, sur la route qui va de Jérusalem à Emmaüs, à deux disciples qui ne croient pas qu'il a pu ressusciter, Jésus dit : « Vous n'êtes pas perspicaces, votre cœur est lent à croire tout ce que les prophètes ont raconté. Ne fallait-il pas que le Christ souffrît tout cela pour entrer dans sa gloire ? Et, commençant par Moïse et les prophètes, il leur explique ce qui, dans les écrits, le concernait » (Lc XXIV, 25-27).

Jésus donne donc une signification à son histoire dans l'après-coup de la résurrection.

Oui, la résurrection donne sens à la mort jusque-là vue comme punition du péché. Maintenant, la mort est l'épreuve initiatique à l'immortalité. Continue à vivre l'esprit qui s'est incarné.

Jésus donc aimante la limaille des faits dans une direction. Les rabbins juifs donnent un autre sens des écrits et pourtant ils ont les mêmes textes que les chrétiens.

C'est que, justement, ils n'ont pas cru à l'événement de la résurrection qui fait rupture. C'est après la résurrection que les disciples croiront à l'Écriture et à ce que Jésus a dit. Les Juifs, eux, attendent le Messie qui donnera le sens. Les chrétiens ont maintenant le sens des écrits de la Bible depuis Abraham.

C'est sa foi en Jésus-Christ qui pousse Marc à dire : « *Comme* il est écrit dans Isaïe, le prophète... » C'est dire que Marc trouve un sens « après le coup de la résurrection », comme vous dites, et interprète ce qu'a écrit Isaïe en fonction de cet événement qui donne un sens en l'éclairant par la venue de Jésus ; celle-ci, je le redis, fait rupture, et ainsi le sens peut-il jaillir.

Il en va toujours ainsi. Chacun de nos actes découle d'une motivation ou d'un sens qui, la plupart du temps, nous apparaît sur le moment suffisant : c'est pourquoi nous agissons. Mais savons-nous immédiatement le véritable sens de notre acte ? Découvrons-nous la place de telle rencontre, le filigrane où s'entrecroisent des fils de notre vie ? Nous n'en pourrons reconnaître le sens qu'après un recul, quand, détachés de notre action, nous serons moins piégés par notre passion d'agir. En effet, nous sommes piégés par la réalité et ses répétitions sur lesquelles s'articule notre raison logique qui nous cache le Réel qui surgit imprévisible.

De même, quand nous parlons, jamais nous ne disons le sens de notre phrase. Celle-ci prend un sens après coup, une fois achevée, quand il y a rupture, dans le silence... après coup.
Prenons cette simple phrase : « Il est bon d'être ici ensemble ! » Chaque mot n'a de sens que mis en rapport avec les autres mots. Le mot « bon » n'a de sens qu'enchâssé à cette place et le mot « être » n'a de sens qu'une fois émis les mots « ici » et « ensemble ». Et c'est dans le silence qui s'ensuit, quand le dernier mot a été émis, que la phrase délivre son sens. C'est donc dans le silence que s'éveille le sens. Il s'éveille d'entre les mots morts. Après coup.
Mais, cela précisé, qu'est-ce que la foi pour vous ?

Pour moi ? C'est vivre ! La foi, c'est vivre chaque jour, chaque épreuve, chaque joie et l'ensemble de ma vie.

C'est également accepter la réalité qu'elle anime, même si je ne la connais pas et ne peux pas savoir ce qu'elle m'apportera.

C'est donc vivre dans la réalité et agir. L'imagination, bien sûr, y a sa place, ne serait-ce que pour préparer un projet avant de le réaliser ; car vivre, c'est vivre une réalité et non pas s'évaporer dans la rêverie. Je suis convaincue que la réalité quotidienne peut conduire à la vérité inconnaissable, je veux dire le Réel.

Quelle différence faites-vous entre la réalité et le Réel ?

Je pense que le Réel, c'est l'imprévisible, l'inédit, le « jamais-semblable », l'unique qui surgit, c'est le champ de Dieu. C'est peut-être le Royaume de Dieu dont Jésus parle et dont fait sans doute partie notre être tout entier, où plonge la part inconsciente de chacun de nos dynamismes psychologiques. Si nos actes, notre intelligence, notre affectivité y prennent leur vitalité, leur sens originel, c'est à notre insu, puisque c'est in-conscient et combien masqué et déguisé !

Bien des psychanalystes vont vous dire que vous récupérez pour le spirituel ce qui est encore « mystérieux » ou inconnu !
Il y a foi et foi... Bien des gens ont une vie qui a un sens. Jamais ils ne déraillent ni ne divaguent. Ils ont du bon sens. Ils savent depuis toujours la direction de leur vie. Ils vivent les pieds sur terre et non pas dans le rêve !

C'est vrai, ces personnes ont une foi, un désir. Ils ont du cœur aussi pour agir. Mais est-ce cela *la* foi ?

Il m'apparaît souvent que ce genre de confiance, qui est peut-être suffisante pour vivre chaque jour, n'est en fait qu'un conglomérat d'habitudes, une répétition de comportements connus à qui on fait confiance. Hommes politiques, hommes d'Église ou simple citoyens, nous redisons souvent les mêmes propos. Toujours nous moulons la même farine. C'est du radotage : nous essayons de garder un mode de pensée connu. C'est un manque de foi dans l'inconnu, l'inconnaissable. Nous n'allons pas vers du nouveau. Nous répétons la même ritournelle.

Tous, à certains moments, nous avons ce type de « foi », mais, à mon avis, ce n'est pas « la foi ». Ainsi nous avons la conviction d'avoir le conjoint qui convient ou ne convient pas, les enfants qui conviennent ou non, le budget qui convient ou non. Nous croyons, avec cette grille, pouvoir nous fier à ce que nous pensons et à notre vie telle qu'elle est. Mais est-ce cela la foi en la vie, en son sens qui, quoi qu'il soit, est toujours risque, exige audace ? N'est-ce pas plutôt une assurance, une sécurité qui endort la vie dans l'insignifiance et l'irresponsabilité ? N'est-ce pas un enfermement dans le champ de la raison raisonnante ? C'est peut-être sage, peut-être commode. C'est bien agréable, en effet, de croire en ce que l'on fait, en ce que l'on est, de vivre, en fait, sans se poser de questions qui iraient contre le bon sens auquel on se cramponne. C'est bien commode de suivre une ligne tracée, parfois depuis la jeunesse, par des parents « aimants » dont a continué la ligne, ou bien au contraire de se mettre en contradiction avec eux en décidant d'une autre ligne mais... tout aussi tracée d'avance, bref, d'être en accord avec soi-même. Mais est-ce cela le sens de la vie au nom de ce qui pour moi est la foi ? Non, je ne crois pas.

Pour mói, ce n'est pas la foi. Ce serait plutôt continuer à faire des efforts, s'accrocher à un rôle choisi ou subi, ou même où les deux à la fois s'entrecroisent. Mais y a-t-il alors ouverture sur un ailleurs qui donne sens à tout cela ?

> Au lieu de redire une rengaine, l'important, pour vous, est de permettre à l'insolite de frayer en nous l'accès à une existence plus autonome.
> Pour vous, avoir foi en un leader de parti ou de religion, foi en son argent, en son étoile, en sa vie ou en ses efforts est donc différent de la foi selon l'Évangile ?

Oui, la foi pour moi est foi en Jésus-Christ.

> Qui prescrit de « changer de vie », ou, comme Jean le Baptiseur le dit, « se lancer dans un changement de vie pour se libérer des fautes ».

Mais pas du tout. Si on accompagne Jésus « pour se libérer des fautes », ce n'est pas encore la foi. Peut-être s'y prépare-t-on, peut-être se met-on en condition. Mais être compagnon de Jésus pour se libérer de ses fautes, c'est agir pour ce qui est derrière soi, c'est regarder en arrière, c'est se pencher sur son passé et non pas être uni à Jésus. Ce que dit Jean-Baptiste relève encore de l'Ancien Testament : c'est encore répéter et ressasser les paroles des prophètes.

Jésus nous invite à « changer de vie », c'est-à-dire à se laisser ravir, séduire par lui, à quitter un mode de vie, et un barême de valeurs. Vivre ailleurs, autrement, avec lui, ce n'est certainement pas le prendre pour un juge ! La foi ne donne jamais le fin mot de la fin. Elle n'a jamais de sens ultime, puisqu'elle n'en finit pas de se découvrir.

Regardez ce que déclare Jean-Baptiste : « Moi, je vous plonge dans l'eau, lui (c'est-à-dire Jésus), il vous plongera dans le Souffle Saint. » Allez donc le canaliser ! « Il souffle où il veut. Tu entends sa voix mais tu ne sais ni d'où il vient ni où il va » (Jn III, 8). Jamais on ne peut se l'approprier, ni le tenir, ni en avoir le monopole, le label.

Et qu'est-ce qu'une source ? C'est un lieu de continuel renouveau qui étanche un manque : la soif. Nous savons que la source s'inscrit dans une permanence, mais l'eau qu'elle nous donne est toujours nouvelle.

Elle comble le manque d'eau matérielle nécessaire pour vivre ! Elle apaise la soif. Mais elle est toujours nouvelle, ce n'est jamais la même eau. Ce n'est pas comme un étang. Le lieu d'émergence de l'eau qu'est la source est le même, mais l'eau que nous y voyons sourdre et qui nous désaltère est toujours nouvelle. Le lieu de l'Évangile, c'est le texte, nous pouvons y puiser sans fin et c'est toujours nouveau.

Il y a toujours un manque du fait que nous sommes vivants, mais l'Évangile, toujours, a de quoi y répondre. Nous sommes rassasiés suffisamment pour aller notre chemin, puis nous retrouvons le manque et nous revenons aux textes et nous y retrouvons sinon l'apaisement total, du moins de quoi repartir animés d'une autre question, moins tendus.

Dès que nous sommes apaisés, nous pensons ou faisons autre chose, mais renaît le manque... Si nous retournons « à ce lieu », c'est toujours une autre eau que nous retrouvons au même lieu. On ne peut s'en lasser, parce que c'est toujours nouveau ! Quelle que soit la façon dont nous l'étudions, le texte des Évangiles n'a jamais fini de nous apporter du nouveau. Il est inépuisable, ce texte ! A quelque page qu'on ouvre l'Évangile, l'interrogation reste inachevable.

> Si nous regardons l'homme en lui-même, nous constatons son manque fondamental, irréductible, que jamais personne ne peut combler. Mais si, comme vous le faites, nous observons la vie de chaque jour, nous expérimentons des apaisements parcellaires, provisoires, comme en amour. Ils nous aident à vivre et nous font ressentir notre manque à être par à-coups.

Et ce manque à être existe toujours. Dieu, pour moi, c'est l'inconnu de ma soif, soif que je ne connais que par une sensation de manque. La source qui apaise la souffrance du manque de sens, c'est Celui dont me parlent les Évangiles. Leur lecture désaltère cette sorte de soif qui est la mienne, sans fin.

Ainsi, une « religion laïque » prêche des « lendemains qui chantent », l'Évangile annonce par contre que c'est aujourd'hui que ça chante pour tout le monde, même pour celui qui ne le sait pas.

Tout homme vit, aujourd'hui, sur deux dimensions : le plan de l'espace-temps et celui d'un ailleurs-temps.

L'espace-temps, nous le connaissons par nos sens, par la biologie, par l'économie, les sciences, les techniques, les arts, par le travail. Ces disciplines nous relient les uns aux autres dans cette réalité de l'espace-temps : passé et futur planétaires. Nous, les vivants, en sommes les témoins dans un présent fugitif. Mais le sens de tout l'ensemble nous échappe.

L'ailleurs-temps, l'ailleurs-espace appellent notre

désir (ou notre désir y aspire). C'est l'Évangile qui nous y conduit. La voie à suivre, c'est Jésus.

Cela, c'est votre foi de croyante que vous proclamez.

C'est vrai, mais notre expérience humaine nous indique ou nous fait pressentir qu'il est une vie du désir inconnue de la vie des besoins immédiats, ignorée par les plus subtils de nos sens. Nous avons une vie autre.

Vous traduisez avec justesse le commencement de l'Évangile d'après Marc par « *Ouverture* de la bonne nouvelle de Jésus-Christ, fils de Dieu », car cet Évangile ne se termine pas. Jésus est ressuscité : un point c'est tout (Mc XVI, 8).

La conclusion rapportant ses apparitions a été rajoutée pour... combler ! Mais en fait, cet Évangile nous parvient avec, en finale, un blanc, un espace libre. Jésus est ressuscité. Où ? Comment ? Qui l'aurait vu ? Il n'en est rien dit. Cet Évangile commence par une ouverture et ponctue sa finale par une ouverture.

Un dieu qui fermerait cette ouverture, qui comblerait notre manque, ne créerait aucun mouvement, ce serait un satan.

La rencontre de Jésus dans l'Évangile comble un moment le croyant, comme vous le disiez. Elle comble d'une manière parcellaire, provisoire, comme la source soulage la soif du corps.

Nous sommes des êtres limités. Nos désirs sont courts. Peut-être sont-il tributaires du rythme étroit de notre corps de besoin. Si l'homme était abreuvé complètement, il n'aurait plus soif. S'il était comblé entièrement, il serait obturé et il s'endormirait, n'ayant plus de désir.

Jésus nous éveille à nous constamment, l'« éveillé », c'est lui, le ressuscité, c'est lui. Mais, sitôt rencontré, bien vite il est oublié, nous nous rendormons : nous vivons d'autres désirs que de lui. Puis, à nouveau, un manque nous étreint, nous nous souvenons alors de la rencontre ineffable, si différente, et nous nous remettons à sa recherche. Il est là dans les Évangiles. A travers des mots qui nous parlent de lui, il nous parle. Si nous l'y rencontrons, nous faisons alors l'expérience du vrai. Il est la recherche de notre désir.

Pour moi, il est le « toujours-vivant ». C'est cette vie des Évangiles qui me prouve que Jésus est ressuscitable constamment pour nous : les Évangiles sont paroles de feu, de lumière, ils sont nourritures aussi pour notre esprit et notre cœur.

> Heureux donc les désirs comblés sans rassasiement, heureuse la soif étanchée sans abreuvement, heureux l'amour partagé sans achèvement, car l'infini du désir habite notre secret séjour.
> Cependant, toujours nous guette une pesanteur vers ce besoin de sécurité. Plutôt que de marcher alertés, vifs, stimulés, nous avons tendance à démissionner, à nous fier à un maître à penser, à endosser le prêt-à-porter...

... à nous en remettre à une religion, qu'elle soit laïque comme le parti politique ou qu'elle soit théocratique. On se retrouve entre soi. Puis on en arrive à rejeter les autres et à les agresser. Cela est très réconfortant pour les « fidèles » : ils canalisent vers les autres ce qu'il y a en eux d'anti-vie. Ainsi le groupe est-il toujours pur. Le corrompu, c'est l'exclu !

> Reste que chacun de nous est formé par une culture, un courant de pensée. Qui saurait s'y soustraire ?

Jésus lui-même est né dans une religion. Les évangélistes l'inscrivent dans une lignée et une histoire religieuse. Avec le lait de sa mère, il tète la culture, les préceptes, les mots répétés et la loi qui soutient la vie de son peuple. Ainsi se forme sa conscience morale. Lui-même s'insérera dans ce courant en vivant les rites et les obligations imposés par la loi. Mais il n'en restera pas là.

Il n'abolit rien de la loi, il va plus loin. Il bouleverse, il conduit chacun au spirituel, à l'esprit de la lettre, et alors ça n'en finit pas.

Rappelez-vous ce que dit Jean-Baptiste : « Moi, je vous plonge dans l'eau, lui, vous plongera dans le Souffle Saint. »

Jésus se glisse donc dans le rite du baptême ou de l'immersion. Mais il plongera dans le « Souffle Saint » ceux qui viendront à lui. C'est de la subversion. Il dira : « Allez enseigner à toutes les nations, baptisez-les au nom du Père, du Fils et du Saint-Esprit. » C'est-à-dire : « Plongez le monde dans la Trinité » ; en d'autres termes : dans une dynamique d'amour, telle celle qui circule entre les trois personnes de la Trinité dans l'éternel aujourd'hui de Dieu.

Tout l'Évangile le dit et le redit, mais, à mon sens, quand Jésus annonce ce qu'on appelle les « Béatitudes » (Mt V, 1-12), ne produit-il pas alors en paroles humaines la description du Dieu-Trinité et son mystère ?

« Être en manque jusqu'au fond du cœur », c'est être

sujet du Royaume de Dieu, c'est faire partie de la famille-Trinité.

« Être dans les pleurs, se laisser toucher par la souffrance des autres, avoir toujours faim de justice, être chassé à cause d'elle, etc. », c'est la joie du Dieu-Trinité.

Une bien douloureuse joie !

Assurément, et qui n'a rien de rituel. Dieu cherche des adorateurs « en esprit et en vérité » (Jn IV, 23-24), loin de Jérusalem la bien-pensante et de son Temple, acropole de prières, loin des rites de Samarie ; non pas dans un pays ou dans un lieu ni selon un cérémonial où, au coude à coude, des fidèles, tous semblables, se réconfortent en groupe, toujours d'accord.

S'élèverait-il pour vous une contradiction entre cet « esprit » et les religions ?

Si nous prenons leurs maîtres comme représentants fiables de Dieu, c'est une grande erreur qui nous vient de notre éducation, quand nos parents ne nous disaient pas : « Tu es Dieu autant que nous » ; quand ils ne nous éveillaient pas à la critique, en nous révélant que, sur les questions essentielles de l'amour, de la vie, de la mort, de Dieu, etc., ils n'en savaient pas plus que nous ; quand nos parents confondaient obéissance à leurs consignes et obéissance à Dieu ; quand ils mélangeaient dans un méli-mélo accusateur désobéissance à leurs ordres et péchés contre Dieu ; quand ils confondaient la sensation du danger avec le mal, la sensation de sécurité avec le bien ; quand nos imprudences, manifestations de nos désirs, étaient par eux condamnées comme des fautes ;

quand nos critiques, nos jugements concernant leurs dires et leurs actes nous étaient rentrés dans la gorge.

Hélas, les religions agissent toujours ainsi... Elles sont des institutions politico-sociales coiffées d'une hiérarchie qui inculque aux gens le sentiment de culpabilité de n'être pas en harmonie avec elle. Si vous ne pensez pas comme le chef, vous êtes déviationniste. Si vous n'écoutez pas la mère, l'aîné, le prince ou le père — à plus forte raison si c'est le Saint-Père...

Sans doute cela provient de ce que le siège de notre raison raisonnante logique et réflexive est dans le cerveau, qui est dans la tête. Le chef devient une métaphore du cerveau pour les membres de la bande, du parti, de l'Église... Ne dit-on pas, par exemple, qu'un état-major est le cerveau des bataillons ?

Mais il faut ajouter que c'est trop souvent autour des sentiments de culpabilité que s'ordonne ou s'organise la cohésion de ces familles. N'est-ce pas tout le contraire de ce que Jésus enseigne dans la parabole de « l'Enfant prodigue [1] » et aussi quand, aux adultes, il parle des enfants : le Royaume de Dieu est à ceux qui leur ressemblent [2] ?

> Vous ne pouvez quand même pas nier que toutes les religions aient suscité des saints et des martyrs adultes ? François d'Assise, un des plus grands spirituels, était catholique. La religion a du bon !

Vous savez bien que, à part certains martyrs, et encore, les saints ont d'abord été rejetés par leur Église et

1. *L'Évangile au risque de la psychanalyse,* Paris, Seuil, coll. « Points », 1977, t. II, p. 59 *sq.*
2. *Id.,* t. I, p. 41 *sq.*

persécutés. Avant que d'être reconnus et récupérés, ils étaient dissidents.

François d'Assise, que vous citez, n'a même pas été enterré, mais jeté dans une espèce de puits, une fosse commune, où l'on déposait tous les déchets humains, clochards et ordures. On était bien content de se débarrasser de celui qui dérangeait. La « récupération » est venue ensuite !

> Mais il était bien obéissant et soumis à ses chefs religieux. Ses chefs représentaient Dieu pour lui.

Oui, quand cette religion parlait de Jésus à son cœur. Mais quand le pape faisait la guerre pour élargir son territoire, François d'Assise, sans porter d'armes, allait semer le doute dans les troupes catholiques : « Jésus ne permet pas de tuer », disait-il. Il démobilisait les soldats du pape ! Ce faisant, il risquait d'être abattu. Il n'était d'aucun camp. Il était du camp de l'Évangile et non point du camp de ceux qui soumettaient les chrétiens à la volonté de pouvoir temporel du pape.

C'est de l'Église, peuple de chrétiens, qu'il se sentait faire partie.

> Mais lorsqu'on voit, par exemple, dans le pape le représentant de Dieu, ou dans un secrétaire général de parti l'infaillible porte-parole d'une philosophie « scientifique », peut-on sortir de la religion ?

Vous dites « on ». Il n'y a pas de « on ». Il y a des êtres humains tous différents et vivant à tel moment de leur histoire personnelle.

Un être humain peut sortir de l'obéissance, s'il en

assume les risques. C'est dans la mesure où nous faisons une démarche personnelle qui ne soit pas une démarche de facile répétition rituelle ou simplement d'opposition, c'est dans la mesure où, sans esprit de revendication, de révolte, mais par conviction, nous sommes « poussés dehors par le Souffle » que nous pouvons être mus par le désir, source de notre manque, et découvrir notre liberté. Nous perdons alors la sécurité antérieure. Nous recueillons la solitude du cœur, le doute, l'échec social, la mort même.

François d'Assise n'a-t-il pas quitté sa famille, n'a-t-il pas risqué sa vie, son assurance de richesses paternelles ? Il a, selon l'Évangile, aventuré sa vie à se donner complètement, d'une manière inédite, unique, personnelle, sans chemin tracé par personne : il s'est laissé ravir à une autre dimension, fou de Dieu, blâmé par les administrateurs de l'Église, négligé, il eut une mort cachée et des obsèques clandestines...

> Il fut toujours catholique. Toujours il vécut et mourut dans cette religion.

Cette religion lui avait tout donné en lui faisant connaître Jésus, le maître de l'amour. Il n'était pas prêtre, il ne faisait pas partie du clergé ! Il était le *poverello,* le petit pauvre de Dieu. Ce qui, pour un autre, aurait pu être masochisme, plaisir d'être la victime de son père qui le méconnaissait et des dignitaires de l'Église qui le méprisaient, pour lui, être le « petit pauvre », c'était être proche de Jésus crucifié et vivre de son amour.

Et puis, en ce temps-là, en Italie, pouvait-on être autre chose que catholique ? Mais il était catholique autrement, dangereusement.

De toute façon, la religion est fatale, car les êtres

humains ne peuvent imaginer ni découvrir un au-delà ou un absolu sans médiation. Il nous faut toujours des représentations, des images. Par notre corps actuel, vivant par l'économie, la politique, la conjoncture, nous atteignons un sens au-delà de l'immédiat. Les religions y aident. Nous sommes ainsi faits que nous ne pouvons pas renoncer à découvrir un sens au-delà des corps, au-delà des vivants immédiats.

> C'est donc dans la mesure où la religion, laïque ou théocratique, sert de placenta au départ de la vie qu'elle est fatale, inévitable. Le croyant devra-t-il donc la quitter pour donner un sens personnel à sa vie d'adulte ?

Certains s'y essaient, mais leur désir n'est pas assez ardent, d'autres en prennent le risque, ils quittent leur religion dans ce qu'elle a d'aliénant pour eux, pour leur recherche ou de Dieu ou de leur désir.

Toute religion trahit quand elle rend tel homme étranger à lui-même, suiveur d'un leader ou d'une mode ou d'une institution qui donne sens à la vie des autres mais pas à la sienne. Il a été leurré, pense-t-il : il doit chercher seul.

La foi est un événement personnel dans l'histoire personnelle de chacun et non pas un atavisme, une hérédité, un endoctrinement prolongé.

> Mais beaucoup sont affiliés à un parti, à un syndicat, beaucoup adhèrent à une « religion », à une institution, pour se défendre d'une oppression, tout en manifestant plus d'une fois leur désaccord avec leurs directives.

C'est que déjà ils prennent du recul, ils ne sont pas dupes, mais c'est par tactique qu'ils continuent à adhérer, ou par raison, ou par intérêt, par peur de trop de risques, par confort, ou pour d'autres raisons différentes pour chacun.

Quel serait pour vous le sens d'une religion ?

Ce serait aider chacun à oser vivre une liberté totale de son désir, ou du moins le maximum de liberté ! Un seul enseignement : pensez librement.

Mais selon ce que nous avons reçu à notre naissance, caractère, culture, religion, selon notre entourage à respecter, à aimer, nous voilà bien limités... spontanément. Devient plus risqué d'aventurer librement notre désir, d'autant plus que nous ne savons pas la marge de notre liberté !

La liberté existe-t-elle ?

Bien sûr, sans cela nous ne connaîtrions même pas ce mot ! Mais quel en est l'espace ? C'est une énigme.

Vous me posez la question du sens d'une religion... Une Église peut orienter, un temps, le sens religieux de ses fidèles qui s'y développent, y grandissent, protégés. Ils s'y rassemblent, parlent le même langage, fixés vers un même but. Les religions les unifient, esprit, cœur et action, en vue d'un but qui dépasse leur propre personne.

Mais je pense que, fondamentalement, le religieux et le spirituel ne se confondent pas. Ils peuvent, bien sûr, chez un individu, dans un groupe, s'accorder pour un certain temps. Mais le religieux, nous le savons, peut s'associer avec tout, avec le fétichisme, avec le rituel, avec la crédulité et parfois s'y confondre, avec le fanatisme aussi, il peut alors étouffer le spirituel.

Le religieux est organisé. Permettez-moi l'expression : il a son marketing.

Ce qui est spirituel est toujours libre, subtil, imperceptible. Est-il conscient ? Je ne le crois pas. Ce que nous avons en nous de spirituel ne peut jamais se dire ni même se savoir. Il peut coexister avec des comportements débiles, délinquants ou marginaux, ou être adapté à un conformisme ambiant. Autrement dit, un tortionnaire sadique est peut-être un grand spirituel, un militant borné peut être un grand spirituel. Il l'ignore. Nous aussi.

Ce qui est spirituel n'est pas testable, aucune jauge, aucune éprouvette, aucun barème ne peut confirmer sa présence.

J'ai rencontré des êtres spirituels. L'expérience que l'on peut en avoir est intime. Les mots pour en parler peuvent ne rien évoquer de spirituel pour qui les entend. Tout dépend de l'expérience intime de qui en parle et de qui écoute.

L'homme spirituel, par sa présence, par ses propos, par ses attentions, répand une joie sereine pour qui l'approche. Le spirituel dans un être humain se perçoit par une qualité de joie ; il est facile pour les autres de ne pas la voir, de balayer aisément cette apparente fragilité ou de la tenir pour négligeable. L'homme spirituel peut susciter l'incompréhension, voire l'hostilité : il est engagé dans une autre voie qui lui est propre.

Un être spirituel rayonne l'amour dont il vit et ne cherche pas à endoctriner, à convaincre. Il n'a rien de plus qu'un autre. Il fait ce qu'il a à faire. Il est lui-même sans presque le savoir. On en ressent les effets, on ne peut rien en capter, ni par les mots qu'il dit ni par son aspect physique. On peut en parler, raconter ses comportements, mais ce qui se dégage de lui n'est pas explicable, c'est du plus vivant, du plus stimulant. Il est surprenant, « choquant » même, mais d'un choc révélateur d'un ailleurs qui ne s'explique pas : il est avec Dieu.

Des êtres spirituels existent dans toutes les « Églises » et en même temps ils y échappent. Il en est aussi qui, vrais spirituels, ont dressé leur tente hors de toute Église.

Il y a aussi des êtres spirituels qui sont méconnaissables et pourtant, me semble-t-il, authentiques : c'est qu'ils sont masqués de névrose ou de psychose, de handicaps physiques, moraux, caractériels, mentaux ou langagiers. Pour la société, ils ne sont pas des modèles de vie. Nos yeux humains, ne voyant que leur apparence, les mésestiment, et pourtant...

# 2

# L'aventure

**Évangile d'après Marc I, 16-20.**

*Passant le long de la mer de Galilée, Jésus voit Simon et André, son frère, en train de jeter leurs filets dans la mer en les faisant tourbillonner : ils sont pêcheurs.*

*Jésus leur dit : « Allons ! Avec moi ! Je vous ferai devenir pêcheurs d'hommes. »*

*Et aussitôt, ils laissent leurs filets et se mettent à le suivre.*

*Marchant un peu, il voit Jacques, le fils de Zébédée, et Jean, son frère. Ils sont dans leur bateau en train d'arranger leurs filets.*

*Tout de suite, il les appelle.*

*Laissant leur père Zébédée dans le bateau avec ses compagnons, ils s'en vont à sa suite.*

GÉRARD SÉVÉRIN : Ce court passage nous indique un autre aspect de la vie du désir : non contents de courir le risque d'une aventure, ces quatre apôtres y aventurent leur vie même.

FRANÇOISE DOLTO : La foi est fondée sur des convictions. Les uns sont amenés à reconnaître la vérité, à découvrir le sens de leur vie là où les autres ne décèlent qu'absurdité et non-sens. Certains lecteurs sont frappés par quelques-uns de mes textes, leurs yeux tombent sur des passages qui font écho en eux : à leur insu, ils en avaient l'intuition. On ne trouve jamais rien de nouveau, en effet on retrouve ce qui était déjà en soi, oublié ou refoulé.

> Rappelez-vous *le Prophète* de Khalil Gibran : « Aucun homme ne peut rien nous révéler sinon ce qui repose déjà à demi endormi à l'aube de notre connaissance. »

Dans ce qui est dit, on reconnaît ce qu'on avait déjà intuitivement commencé de pressentir sans l'avoir clairement formulé. Quand on le lit ou quand on l'entend exprimer, on y adhère comme si c'était la parole d'autrui, en fait c'est une révélation de soi-même.

> Si tu cherches bien, tu t'y retrouveras !
> Mais en fait, pour vous, la foi, c'est une conviction sans pièces à conviction ?

Oui, c'est une certitude fondamentale malgré les incertitudes partielles. Elle n'est pas de l'ordre de ce qui se discute : avoir de quoi respirer ou pas, ça ne se discute pas. Je pense que cet état de foi est l'effet de l'adhésion du cœur à une « révélation ».

Ce peut être tout à coup la découverte dynamisante que la vie jusqu'alors n'avait pas de sens. N'en est-il pas de même en amour ? C'est après avoir rencontré l'être unique, notre soleil, que l'on découvre la fadeur et la platitude de la vie que l'on menait jusqu'alors. Et, à ce moment-là, on ne se pose plus de questions.

On y croit ?

On n'y croit même pas. C'est évident !

Ne sommes-nous pas comme un instrument de musique dont personne ne s'est servi ? Il n'a émis que quelques sons. Tout à coup, un artiste s'en empare, le fait vibrer et l'enflamme d'émotions jusqu'alors secrètes et muettes. Cette vibration sans doute change quelque chose dans les molécules mêmes du matériau de l'instrument. Si, par impossible, il a conscience de ce qu'il ressent, ce doit lui être une révélation de son existence !

Mais... la foi ne peut ni se justifier ni s'expliquer ?

Comme l'amour, c'est une évidence qui résiste à toutes les bonnes ou mauvaises raisons. Ça ne se justifie pas, en effet.

« Ça aime en nous » ? « Ça croit en nous » ?

Mieux encore, tout est réordonné autrement. Tout est aimanté d'une autre manière, dans une autre direction toujours nouvelle. Il n'y a plus de place pour le doute, ou plutôt, s'il y a doute, ce n'est pas dans le même secteur de la psyché ni du cœur.

L'instrument de musique qui a vibré, qu'un artiste a su faire chanter, même revenu dans sa boîte, reste différent. S'il se pense, il se sait, après cette expérience, autre. S'il est un jour altéré, fêlé, les sons qu'il émettra n'auront plus la même qualité, mais l'artiste aura conservé tout son talent. L'instrument, c'est notre être et notre histoire. L'artiste, c'est nous aussi, désir, sensibilité, travail, écoute et exécution. La musique, c'est l'esprit qui vient d'ailleurs et s'envole bien plus loin et qui porte en notre être des fruits bien après que les sons se sont tus.

Pourtant, le doute cohabite avec la foi !

Après coup. Mais au départ, c'est la conviction et l'évidence, à l'exemple des apôtres appelés par Jésus.

Je crois que cette parole : « Je vous ferai devenir pêcheurs d'hommes », a dû être la surprise extraordinaire, le choc, l'appel attendu peut-être depuis longtemps.

N'en est-il pas de même pour chacun de nous ? Que savons-nous du destin dont un nouveau-né peut avoir la confuse intuition ? Pressé de répondre plus tard à un appel qui l'éclaire, il sent, il sait, que se dévoile l'axe de son existence. Cet appel devient irrésistible. Il y ancre sa vie et y fixe son attention.

Il y avait, dans le choix que proposait Jésus, un je ne sais quoi d'irrésistible. Tout à coup, par cette voix qui leur est adressée, tout en eux est renouvelé, leur vie change de sens et de base et de rythme.

Souvent, on imagine que Jésus a choisi n'importe qui. Rencontrant par hasard ces quatre hommes, il les aurait enthousiasmés.

Je crois plutôt qu'ils devaient être reconnaissables pour qui avait une sagacité qui identifiait l'invisible. Jésus est celui-là. Comme un musicien, pour reprendre notre exemple, détecte le virtuose potentiel chez un enfant à la façon dont il touche un instrument de musique ou à la manière dont il chante, Jésus a perçu, chez ces pêcheurs, une musique que d'autres n'avaient même pas remarquée, il a découvert chez eux une vie, une intensité qui pourraient l'aider. Ils se grouperont et pourront faire résonner sa parole jusqu'au bout du monde.

D'autres évangélistes détaillent cette intuition de Jésus... qui devine Simon, le « Roc », qui surnomme Jacques et Jean « Fils du tonnerre » (ce qui veut dire « soupe au lait »), qui appelle un percepteur, etc. Ils se sont sentis choisis... Ils attendaient quelque chose comme tout Juif au courant des Écrits. Et c'est arrivé ce jour-là, pour eux.

> Mais que pouvait bien vouloir dire à ces hommes : « Je vous ferai pêcheurs d'hommes » ? Rien de tel ne figure nulle part dans les Écritures.

Jésus, par cette parole, leur dit d'emblée un mot inédit de fait, mais c'est une parole poétique, créatrice, une parole folle. En elle, ces hommes se sont reconnus. Vibrant, chacun quitte tout ce qui faisait son quotidien.

Certes, ils avaient déjà des éléments donnés par leur métier et leur culture pour soupçonner un début de sens : ils savaient ce qu'est un pêcheur et comment prendre les poissons. De même n'ignoraient-ils pas que certains, à la suite de Jean-Baptiste, vont se plonger dans l'eau pour se débarrasser de leurs péchés. Ces hommes immergés changent de vie. Ils sont les baptisés de Jean. On en parle ; Jésus lui-même y est allé.

« Je vous ferai pêcheurs d'hommes » est une phrase délirante, mais les apôtres l'ont saisie comme vitale : je ferai de vous des hommes qui, au lieu de pêcher des animaux, pêcheront des hommes. Vous les ferez sortir de l'invisible, tels des poissons sous la surface de l'eau ou des fœtus de leurs eaux amniotiques qui ne se savent pas encore appelés à vivre dans un autre élément : la vie de l'esprit.

> Il en fait des accoucheurs d'hommes ?

Oui, des révélateurs à une nouvelle façon de vivre.

Où sommes-nous avant de naître ? Nous sommes comme les poissons, nous sommes dans les eaux amniotiques. « Allez chercher les hommes jusque dans les eaux amniotiques et ainsi révélez-leur qu'ils sont, avec leur pesanteur, des hommes faits pour une autre respiration et une autre lumière. »

> C'est fou, c'est délirant, ces mots n'ont pas de sens !

Ces mots qu'ils entendent n'ont pas encore un sens clair, mais ils les touchent. Ils sont retournés par l'intensité de l'émotion qui est en eux. Avant les autres, ils sont pris à l'hameçon, ferrés et sortis de leur élément par la voix de Jésus qui les appelle.

> Comment pouvez-vous savoir qu'ils sont la proie d'un émoi à ce point bouleversant ?

Puisqu'ils rapportent cette scène et la répètent, c'est bien signe qu'ils gardent le souvenir vivace de ce moment mutant de leur destin.

> Ce mot est « délirant » parce qu'il n'y a pas de caution pour eux. C'est de l'inédit ?

La caution, c'est l'émoi qu'ils ressentent à être nommés,

appelés, choisis. C'est une évidence pour eux. C'est indubitable. C'est sûr. C'est cela le Réel qui surgit dans leur réalité.

C'est le coup de foudre de leur vie. Peut-être, après ce « coup », se sont-ils dit qu'ils avaient eu de la chance… La chance de leur vie !

> C'est dire qu'ils s'y re-connaissent, qu'ils s'y retrouvent ?

Non. Leur être morcelé en multiples facettes a trouvé alors son unité. L'amour, désormais, les attache à Jésus et ils se rappellent la scène et les paroles entendues et tout ce qu'il y a d'objectif dans cet événement subjectif.

Ainsi, lorsque nous-mêmes, nous nous souvenons de notre première rencontre avec l'être dont nous ne nous séparons plus, nous aimons nous rappeler les circonstances, les mots, les sentiments de ce premier rendez-vous.

> Tout cela s'apparente quand même au coup de foudre, et un coup de foudre, c'est la séduction au plus haut degré. Et quand je suis séduit, c'est que je me retrouve aimé ou aimable dans les yeux de l'autre.

Naturellement, que peut-on retrouver en l'autre, sinon ce qu'on est ? Quand nous rencontrons quelqu'un qui nous séduit, nous ne faisons que trouver de nous ce qui n'est pas entré dans la communication, ce qui est refoulé, ou ce qui est potentiel et que nous projetons sur l'autre. Celui-ci, en nous le faisant ressentir, agrandit notre être, c'est-à-dire nous révèle un autre aspect de nous, inconnu jusqu'alors. C'est une jouissance ! Peut-être en est-il ainsi pour le nouveau-né. Le bondissement de son cœur au regard d'amour de ses parents lui signale l'importance de la rencontre qui lui révèle une parcelle de lui-même et l'appelle.

Les apôtres avaient donc déjà en eux cette « folie ». Ils la retrouvent dans cette situation. Ils la rencontrent dans les mots insolites de Jésus. Finalement, ce qu'a détecté Jésus, c'est la folie de ces hommes.

Je pense aussi que le moment était venu d'avoir des auxiliaires pour sa mission. Il a dû sentir en lui qu'il lui fallait les choisir. A leur passion répondait sa passion. Son enthousiasme faisait résonner leur enthousiasme.

Ces apôtres vivent leur premier acte de foi en Jésus : ils se risquent, toutes amarres larguées. Ils le suivent en lâchant leur filet, leur gagne-pain, leur père pour Jacques et Jean, et peut-être sa femme pour Pierre.

A la lumière de ce texte, la foi, pour vous, c'est donc aussi lâcher quelque chose.

Toujours. C'est la prise, la surprise du cœur et de l'être tout entier. C'est l'irruption du Réel dans la vie, c'est-à-dire de l'inattendu, du déroutant qui subjugue. Jésus, ce Réel surgissant, est bien plus important que tout ce qu'ils connaissaient dans la réalité jusqu'à cet aujourd'hui-là.

Oui, le Réel est insolite, inattendu... On oublie tout ce que l'on a été jusque-là pour être raptés. Ces apôtres ont suivi cet homme et ils ont cru à sa parole. Immédiatement.

> Leur réalité, c'était leur bateau, leur famille, leur logique quotidienne, leur pêche, et le souci de sa vente, les taxes à payer, les dettes, leurs projets, leur sexualité... C'est le panorama de leurs préoccupations comme pour tout un chacun.

Que va devenir leur réalité quotidienne ? Ils ne se posent même pas la question.

> C'est nous qui la posons parce que, sans notre lot de pensées, de soucis, de projets, de désirs, nous aurions peur. Sans notre environnement rassurant, traversé bien sûr de questions, nous serions sans cesse alarmés et démunis : nous n'aurions plus notre permanence imaginaire.

Ces apôtres, par contre, ne peuvent faire autrement que de vivre un hiatus, une rupture ; ils suivent Jésus. Sinon, peut-être auraient-ils l'impression de se renier.

Ils ont rencontré l'amour, la foi, l'espérance, leur vérité, la Vérité. Jésus les a ravis, mais ils étaient toujours libres de le suivre ou de passer outre.

S'ils nous racontent cet événement, c'est après coup, parce qu'ils ont suivi Jésus et que toute leur vie s'est organisée à partir du sens qu'elle a pris ce jour-là. Ils se souviennent des paroles qui ont suscité la mutation de sens survenue dans leur existence.

# 3

# La foi qui guérit

**Évangile d'après Marc I, 32-39.**

*Il est tard, le soleil descend.*

*On lui apporte tous ceux qui sont malades, ceux qui sont ensorcelés... et toute la ville s'entasse à la porte.*

*Il en guérit beaucoup qui se portaient mal à cause de maladies diverses. Il chasse beaucoup de démons mais il ne leur permet pas de parler : ils savent qui il est !*

*Au matin, il fait encore tout à fait nuit, il se lève, sort et s'en va dans un endroit désert et, là, il prie.*

*Simon et ceux qui étaient avec lui courent après lui et le trouvent.*

*Ils lui disent : « Tout le monde te cherche ! »*

*Il leur dit : « Allons ailleurs, dans les bourgs voisins, pour que, là aussi, je clame la nouvelle, car je suis sorti pour cela. »*

*Et il part à travers toute la Galilée. Il clame la nouvelle dans leurs synagogues et chasse les démons.*

**Évangile d'après Marc II, 1-12.**

*Quelques jours après, il entre de nouveau à Capharnaüm.*

*On apprend qu'il est dans telle maison. Tant de monde s'y entasse qu'il n'y a plus de place, même devant la porte.*

*Il leur annonce la parole Dieu.*

*Arrivent des gens qui apportent un paralysé. Ils sont quatre à l'empoigner. Mais ne pouvant le lui présenter à cause de la foule, ils défont le toit, là où est Jésus, et, ayant ouvert un trou, ils descendent le grabat sur lequel est étendu le paralysé.*

*Voyant leur confiance, Jésus dit au paralysé : « Fils, elles sont remises tes fautes. »*

*Il y a des scribes assis là, qui ruminent dans leur cœur : « Comment parle-t-il ? Il blasphème ! Qui peut remettre les fautes, si ce n'est Dieu seul ? »*

*Tout de suite, intuitivement, Jésus devine ce qu'ils ruminent en eux-mêmes. Il leur dit : « Pourquoi ruminez-vous ces choses dans vos cœurs ? Qu'est-ce qui est plus facile, dire au paralysé : " Tes fautes sont remises " ou dire : " Lève-toi, prends ton grabat et va te promener " ? Afin que vous sachiez que le Fils de l'homme a autorité pour remettre les fautes sur la terre, à toi — dit-il au paralysé — je te dis : " Mets-toi debout. Prends ton grabat et va-t'en chez toi. " »*

*Celui-ci se lève tout de suite, prend son grabat et sort devant tout le monde.*

*Ils sont tous stupéfaits et glorifient Dieu en disant : « Nous n'avons jamais rien vu de pareil ! »*

GÉRARD SÉVÉRIN : Vraiment, Jésus guérit... à foison ! On « s'entasse » avec les malades à la porte de la maison où il arrive. On aligne les brancards sur son passage et tous les infirmes sont guéris.

Il s'y trouvait, sans doute, nombres de mélancoliques, d'hystériques ou de malades psychosomatiques, mais aussi de « vrais » malades, des malades physiques, pourrait-on dire...

FRANÇOISE DOLTO : Mais pourquoi les malades dits psychosomatiques ne seraient-ils pas de vrais malades ? On admet que, pour eux, la maladie physique est liée à des causes psychiques inconscientes. Mais pourquoi en seraient-ils moins malades ?

Les maladies organiques ont un support psychique. Les microbes existent, bien sûr, je les ai vus. Mais, de plus en plus, on se pose cette question fondamentale : ces microbes sont-ils la cause de la maladie ou leur virulence et leur pullulement en sont-ils la conséquence ?

Avec certains professeurs de médecine, je conclus que l'irruption pathogène des virus, bactéries et autres agents qui coexistent avec le corps en bonne santé, s'opère par les « déchirures » de notre psychisme. Dans un même village, certains seront « pris » par les bacilles, d'autres non. Au surplus, chacun sait que, dans une même famille, les maladies s'expriment d'une façon bien différente !

D'après votre clinique, nous sommes corps et esprit intimement associés. En bref, c'est en libérant son esprit que l'on peut libérer son corps. Mais comment expliquer ces phénomènes de guérison ?

Si le désir conscient mais surtout inconscient de survivre à une maladie est très ardent, les conditions de guérison sont présentes. Mais, de plus, tout nous fait comprendre que l'inconscient de chacun est aussi influencé par ce qu'il ressent de son entourage, de son environnement, comme on dit aujourd'hui.

« C'est la foi qui sauve. » Jésus l'a dit. Tout le monde sait cela ! Mais comment le fait de désirer peut-il entraîner de tels effets ?

Si vous avez une intention ferme, si une motivation ardente vous anime ou si une raison impérieuse vous aiguillonne, vous voilà happé, saisi, vous êtes tendu vers ce but, « hors de vous ». Certains événements, certaines causes excentrent le sujet hors de son moi. Il n'est plus centré sur lui ni sur son corps.

Est-ce à dire qu'il se désintéresse de lui ?

Peut-être... Soustrait à ce qui nous arrime et nous fixe à notre corps, nous plaçons, pour un moment, notre centre d'intérêt et le siège de notre existence dans un autre, de qui nous attendons ou croyons pouvoir attendre changement ou merveille.

Ceux qui sont continuellement lovés sur eux-mêmes ont sans cesse quelque maladie, indisposition, souci ou chagrin. Ils ruminent leurs préoccupations, ce qui les rassure, en somme.

Si on s'oublie totalement, on est alors différent et la guérison devient possible, car on se démet de soi, on s'en remet à la compétence ou à la force de quelqu'un. On se décentre entièrement. Lâcher ainsi sa manière de vivre n'est pas « raisonnable », mais n'est-ce pas une offre totale de soi à qui suscite cet émoi d'espérance et de confiance ?

A cette démission, à cette confiance du malade, le médecin donne une réponse ?

Quand je m'en remets ainsi à une personne, un vide se crée en moi qui appelle.

> Autrement dit, il faut avoir un projet, une intention, un désir de guérir…

… un vouloir aussi ; ou que ceux qui nous aiment et de qui nous en sommes venus à dépendre aient pour nous, à notre place, ce désir !

Voyez le passage, que nous avons déjà commenté, de la guérison de la femme hémorragique [1]. Elle seule, au milieu de la foule qui presse Jésus de tous côtés, est guérie. Pourquoi ? Parce qu'elle avait une intention. Elle était tendue vers Jésus et son pouvoir. Pauvre, démunie, « vidée », elle avait de la place en elle pour recevoir. Par contre, la foule des autres gens qui touchaient Jésus sans projet n'en recevait rien. C'est une question de désir.

Sans doute, on peut contacter, toucher, être curieux comme les gens qui étaient autour de Jésus. Mais rien ne se passe si vous n'avez rien à demander. Rien ne peut nous rénover si nous ne creusons pas un vide en nous, si, ne serait-ce qu'un instant, comme cette femme, nous ne nous oublions pas.

Nous oublier et passer outre les règles habituelles régies par le « respect humain », cette sorte d'autocensure sociale qui paralyse, pour miser tout, risquer tout, même notre habituelle logique, balayée qu'elle est par le souffle de notre foi en l'autre, voilà le commencement d'une autre vie, d'une guérison.

C'est d'abord l'intention du désirant et l'ardeur soute-

1. *L'Évangile au risque de la psychanalyse*, t. I, p. 99 *sq*.

nue de sa demande qui mettent en condition. Mais cela ne suffit pas toujours. C'est l'énigme du miracle qui demeure.

Cette femme s'en est remise à la compétence, à la réputation de la force de Jésus. Sa demande de guérison et de réconfort a créé en elle un appel auquel a répondu la force de Jésus.

Quelle est cette force ? C'est, pour moi, l'énigme du Réel et de son surgissement.

> Vous voulez dire que les patients qui peuplent les hôpitaux ou les salles d'attente des médecins sont ceux qui rapportent tout à eux et ne s'intéressent à personne d'autre qu'à eux-mêmes ? Ils n'osent sortir d'eux ?

Ce n'est pas qu'ils n'osent pas. Ils ne peuvent pas. Mais j'ajoute que l'origine de cette malfaçon psychique puise sa source dans l'inconscient de ces patients tributaires de leurs parents, de l'éducation reçue, etc. Ils sont « paralysés » de naissance, ou « myopes » de formation. La guérison est vraiment le résultat de la mise en œuvre d'une dynamique formidable qui n'est pas seulement limitée à nos individualités, tout comme la bonne santé, d'ailleurs.

kIl faut compter aussi avec ces autres facteurs : beaucoup de personnes sont victimes des « projections » de leur entourage. Leurs proches les « voient » malades, les « veulent » inconsciemment souffrants. Ces gens ont donc l'impression de ne pouvoir être reconnus que s'ils sont malades, on ne s'intéressera à eux, pensent-ils, que si leur santé est altérée.

Pendant la guerre, il y eut certes plus de blessés mais moins de malades et, malgré les restrictions alimentaires draconiennes, il n'y eut que bien peu d'avitaminose. Les délires de persécution avaient quasiment disparu des hôpitaux : on était persécuté par les restrictions et l'occupant ! Les dépressifs étaient rares : on avait tant de soucis dus aux causes étrangères à soi, extérieures à soi, on avait tant de thèmes collectifs sur lesquels chacun pouvait broder le fil personnel de son angoisse en en parlant avec les autres au lieu de tisser sa propre toile comme l'araignée solitaire.

Pour illustrer ce que je viens de dire, je peux citer le cas d'un médecin et d'un prêtre qui étaient revenus de camp de concentration avec des cavernes pulmonaires cicatrisées. Je n'ai pas vérifié ces cas par moi-même. Ce médecin et ce prêtre, en s'occupant des autres et en s'oubliant, tout en vivant dans des conditions d'hygiène et d'alimentation déplorables, se sont ainsi guéris. N'y a-t-il là rien de « miraculeux » ?

> Cet élan vers autrui, vers le médecin ou vers Jésus bande tout notre être vers un but autre que nous. Là serait donc le mécanisme de la guérison ?

Cet effet de guérison vient de ce que les pulsions ou les poussées phalliques de chacun...

> Avant d'aller plus loin, pourriez-vous expliquer le terme « phallique » ?

« Phallus », en psychanalyse, est synonyme de puissance, qualificatif d'autorité, de fécondité. Le phallus n'est pas la représentation imaginée du pénis, mais symbole de force, de domination, de pouvoir, de valeur triomphatrice vis-à-vis de la pesanteur.

Dès lors, les malades dont parle l'Évangile délèguent

leur puissance phallique à Jésus, c'est-à-dire qu'ils centrent sur lui leur reste de vigueur et de puissance en lui demandant en échange de manifester sa force en leur donnant ce qui leur manque. Ils se font suppliants. Au lieu d'être résistants, ils sont réceptifs.

D'actifs, ils deviennent passifs ?

Oui, encore qu'il faille préciser que « passif », d'après Freud, ne veut pas dire indifférent ou inerte, mais attirant, capteur, attractif... Ces malades désirent recevoir un présent, un don, guettent avec ardeur une guérison qui modifiera le cours des choses qui, pour eux, est sans espoir. De cette guérison ou de cette faveur, ils espèrent la retrouvaille des pulsions actives d'autodéfense, de rénovation, de santé. C'est-à-dire qu'ils espèrent être remis en route, ils en espèrent vie et sens pour vivre.

Jésus leur dit souvent : « Tes péchés te sont remis. » Ce qui peut vouloir dire : « De tes erreurs de désir (dont ton état actuel est le résultat), je te délie. De tes sentiments de culpabilité, je te délivre. Retrouve la joie de te savoir aimé de Dieu. Aime-toi à nouveau, mais autrement, en t'acceptant. Je te délie de ton mal moral. »

Il est donc nécessaire et vital de se démunir de soi, de se séparer de soi pour vivre mieux !

Être divisé contre soi-même, c'est, en effet, de l'énergie perdue.

Pour vivre intensément, l'homme qui en a le désir va se séparer ou essayer de se séparer de quelque chose ou de quelqu'un qui le retient sans se sentir amputé pour cela. Pour sauter, il faut lâcher le sol.

> Les pulsions ou les poussées actives et passives existent chez tout sujet humain, homme ou femme ?

Vous faites bien de dire le *sujet* humain, car le sujet n'a pas de sexe ni d'âge. Chaque sujet est particularisé, individualisé dans un corps sexué qui, avec ou sans désir de sa part, peut être objet du désir d'autrui.

Parvenu à sa maturité physique génitale, l'être humain, sujet lié à son corps, peut exprimer son désir par la médiation de son sexe qui lui fait désirer la rencontre de l'autre sexe. Mais je fais observer qu'il n'y a pas de « relations » sexuelles sans rencontre entre deux êtres : corps, cœur et intelligence. C'est le corps, bien sûr, qui la rend possible, mais pour qu'il y ait relation de leur désir, bien sûr, mais aussi objets, il faut deux êtres humains, c'est-à-dire deux sujets quant à la loi devant laquelle ils sont responsables de leurs actes.

La psychanalyse a étudié les étapes de l'évolution du désir qui anime tout être humain depuis sa naissance jusqu'à sa maturité et a décrit les étapes sous le nom de « stades [1] ».

1. On appelle « stades » les étapes de l'évolution sexuelle de l'être humain. On les nomme par rapport aux lieux du corps où se manifeste le désir d'une manière prédominante. Désir toujours ressenti comme manque. Le stade oral est la première organisation du plaisir qui, au-delà du besoin, a pour zone privilégiée la bouche qui prend, absorbe, et émet des sons. C'est par cet intermédiaire verbal que s'exprime notre désir de communication interpsychique.

Vient ensuite le stade anal qui, en marge de l'activité d'excrétion, développe un plaisir érotique qui est au cœur des représentations du désir de « faire ». Jeux, inventions, productions, cadeaux ou refus, échanges,

Deux corps qui s'accouplent ne réalisent-ils pas forcément une union sexuelle ?

C'est un accouplement, un assemblage. Quand vous imprimez votre doigt dans la pâte à modeler, pouvez-vous parler de rencontre, de relation ? Il est des personnes qui, bonne pâte, se laissent faire, il y a alors caricature, contrefaçon de relations. Il est des personnes qui se refusent mais qui, contraintes et violentées, sont asservies. Peut-on parler de relation sexuelle ?

C'est le « moi » lié au corps de chacun qui parle au

---

etc. C'est la communication avec les autres au moyen de ce qui est matière, matériaux.

La forme achevée de la sexualité est appelée stade génital : l'être s'unifie sous la prédominance de l'organe génital. Le besoin de procréer ne serait que rut d'individus de l'espèce s'il n'y avait pas la loi de l'interdit de l'inceste : le désir du sujet devient responsable de ses actes et de leurs suites. C'est le désir génital humain. Il s'accomplit dans la communication interpsychique et physique avec son partenaire.

Ces classifications analytiques se réfèrent donc au lieu du corps où les besoins se manifestent. Mais le désir, qu'il se révèle à l'occasion de besoins ou non, est toujours désir de communication interpsychique entre des personnes. Le corps est médiateur de cette relation affective et psychique ; il est aussi lieu de plaisir.

Ces qualificatifs, oral, anal, génital, ne réduisent pas le désir au plaisir du corps seulement ni ne le morcellent.

Ces termes, oral, anal, génital, disent un mode de rencontre avec autrui associé dans l'inconscient à ces lieux du corps qui sont devenus source d'excitation sexuelle. Pourquoi ? Parce qu'ils ont été marqués de notre manque, parce qu'ils ont crié notre manque physique et affectif dans notre enfance : par nos appels, nous espérions d'un autre un apaisement.

Ce sont les endroits privilégiés du corps autour desquels se tissent des liens affectifs. Le désir s'y exprime, toujours insatisfait. Et l'amour, sécurisant ou insécurisant, par-delà le désir et les liens affectifs, va plus loin, en s'articulant au sensoriel et aux lois des échanges ordonnées par la société.

Plaisir toujours recherché, souffrances souvent rencontrées, mais parfois aussi... la joie.

masculin ou au féminin. On pense, on ressent les choses et les gens en homme ou en femme. Ainsi donc, dans la rencontre procréatrice, la femme se manifeste-t-elle d'une manière passive et attractive et l'homme d'une manière active et émissive.

Mais les « sujets » désirants qui se rencontrent ne sont pas, en tant que tels, sexués. La libido est asexuée et s'exprime par langage dont les corps féminins et masculins sont médiateurs.

> On admet que c'est le « moi » qui, chargé des intérêts de notre personnalité, se pose en médiateur. Mais qu'est-ce que le sujet ?

Le « sujet », c'est le verbe agissant qui s'incarne dans la matière devenant vivante-humaine. Le sujet, c'est la parole vraie qui prend une part active parmi les mots que, durant l'orgasme, les géniteurs ne prononcent pas. En effet, durant ce bouillonnement d'ardeur, arrive un moment, un instant, où aucune parole n'est dite. Cette parole, qu'ils ne peuvent pas dire du sens de leur étreinte, s'incarne.

Cette parole, qui ne peut être exprimée, donne sens à l'élan dynamique qui anime les cellules gonadiques (ovule, spermatozoïde) qui se rencontrent. Cette parole prend chair tissée au sens inconnu de ceux qui procréent : un enfant est engendré. Il est l'expression du désir inconscient de ses géniteurs, il est la parole non dicible au moment de sa conception.

Envisageons le cas de l'homme. Il obtient, dans l'acte sexuel, son plaisir. Mais ce plaisir peut n'être qu'habitude, répétition, papillonnage. Si, par contre, ce plaisir est en harmonie avec son désir inconscient d'homme géniteur, il ne sera pas une simple décharge du rut qui satisfait un besoin physique ou une envie confondue avec ce désir.

Un jour, il apprend que sa partenaire de plaisir a conçu de lui. Tout en lui est renouvelé. Son désir modifie son histoire : un enfant est là. Peut-être n'est-il pas prêt à en assumer la responsabilité, peut-être l'abandonnera-t-il à sa génitrice (épouse ou non). Mais, au minimum, il en gardera mémoire. Une trace imprimera cet homme.

Mais peut-être que cet enfant en devenir émeut cet homme jusqu'à ses entrailles de père. Comme individu, il se sait mortel. En cet enfant, être d'espérance qui s'annonce, il reconnaît la chair de sa chair appelée à lui survivre. Cet espoir lui donne la force d'élever et de guider cet enfant que déjà il aime et pour lequel il construit des projets.

Pour vous, qu'est-ce qu'un plaisir sexuel en harmonie avec un désir humain ?

C'est se donner ensemble l'un à l'autre. Ce don est une communication interpsychique quand le désir est accordé entre ces deux êtres.

L'homme qui la désire donne du plaisir à sa femme. Celle-ci s'offre, attire, attracte de plus en plus celui qu'elle aime. Elle oublie son corps, elle s'abandonne à l'homme qui donne. C'est ainsi qu'ils arrivent à l'orgasme.

Plus chacun est donné à l'autre, plus il y a « fruit » porté en leur personne, indépendamment d'une conception éventuelle d'enfant, l'imagination s'enflamme, la sensibilité se dilate, l'amour reverdit de leurs étreintes heureuses. Et si chacun exprime à l'autre sa reconnaissance, c'est un renouvellement total de chacun. Oui, leur attachement vivant et créateur l'un à l'autre trouve une vigueur nouvelle.

Ce renouveau de vie des corps qui communiquent est acte créateur : il ravive la vie affective et la fécondité de l'intelligence d'une manière aussi réelle que s'il y avait un enfant conçu [1].

> On pourrait donc résumer ainsi la relation humaine : Je lui fais plaisir. Elle me fait plaisir. Ça nous fait plaisir !

Oui, d'abord pour nos sens, pour notre vie sensorielle qui est, pourrait-on dire, la note fondamentale de notre être humain. Mais n'existe-t-il pas aussi des plaisirs subtils qui surgissent de l'accord entre cœurs et esprits, des plaisirs émotionnels et spirituels ?

> Tout ce que vous venez de dire est une brève analyse de psychologie comparée. Mais comment expliquer les guérisons ?

Ne pas aimer ou ne pas être aimé, c'est mal vivre sur le plan affectif. Ne rien donner et ne rien recevoir, c'est l'arrêt de la communication qui est vie. N'avoir besoin de personne et que personne n'ait besoin de vous rend malade. Guérir, c'est retrouver le goût des échanges qui font vivre, d'où qu'ils viennent.

1. Les « rencontres » ne s'épanouissent pas toujours de cette manière. Il y a les soucis, les difficultés quotidiennes, les désillusions et les déceptions qui tissent la lassitude ou l'habitude. Il y a les « nécessités » de l'argent ou du confort qui peuvent prostituer, dans leur rencontre avec les autres, bien des humains. Il y a la solitude aussi… Il y a aussi l'amour déçu, le désir frustré, désaccordé qui peut, à cause du dynamisme de la libido, transmuer l'attachement en pernicieuse dépendance et celle-ci en haine d'un lien odieux.

Je pense que les mystiques, hommes ou femmes, amants de Dieu, sont toujours « passifs », spirituellement toujours en demande, attirants, aspirants par rapport à Dieu qui est toujours actif [1].

Thérèse d'Avila le dit, à sa manière, dans *le Chemin de la perfection* [2] : « Voilà pourquoi, dès lors que l'âme goûte tant de bonheur [...], la volonté doit, à mon avis, se trouver, pendant presque toute la durée de cette faveur, unie à celui qui seul peut la satisfaire. [...] Car s'il ne dépend pas de nous que le jour se lève, nous ne pouvons pas non plus empêcher la nuit d'arriver ; de même cette faveur n'est-elle plus en notre pouvoir ; elle est entièrement surnaturelle et nous ne pouvons rien faire pour l'obtenir » (chap. 33).

Les mystiques observent cette attitude de désir réceptif. Ils aspirent, ils souhaitent, ils inspirent cette puissance phallique qui s'appelle Dieu.

On imagine donc, avec raison, Dieu au masculin ?

Non, pas avec raison, mais à cause de nos représentations inconscientes occidentales : Dieu est le représentant de la force parce que nous en sommes démunis. Mais, pour le bébé, c'est sa mère qui refait ses forces, toutes ses forces — et pas seulement sa vigueur physique —, par son sourire, sa voix, sa présence. Mais cet enfant, que de force ne donne-t-il pas à sa mère et à son père qui l'aiment ?

Que Dieu soit appréhendé symboliquement Père ou

1. Cela ne veut pas dire qu'ils sont passifs dans la vie, au contraire, ils sont tout zèle pour les autres et rayonnent de l'amour qu'ils reçoivent de Dieu dans la prière. C'est le moment secret de leur rencontre avec lui.
2. Paris, Seuil, coll. « Livre de vie », 1961, p. 182.

Mère par les humains, c'est toujours comme puissance sans limite, telle celle des adultes de notre enfance.

> Cet aspect d'attente, de demande, de disponibilité est donc une composante surtout féminine. Mais n'est-il pas aussi très féminin de croire à son imagination ? Eschyle disait déjà : « La femme applaudit à ses vœux plus qu'à la réalité ! »

Mais l'imagination n'est-elle pas une fonction phallique de l'esprit ? Par l'imagination, que de prouesses ne peut-on pas réaliser ! C'est une fonction qui projette, qui émet des représentations sensorielles. Sait-on bien quelles pulsions sexuelles soutiennent cette imagination ?

En effet, les femmes peuvent tout transformer par leur foi, leur imagination et leur passion. Sont-elles alors hommes ou femmes ? Tout homme, un jour ou l'autre, ne se découvre-t-il pas aussi femme sur ce point, par manque lui aussi ? Il a beau agir, bomber le torse, s'en donner à croire et à paraître, jamais il n'est comblé de puissance ni désaltéré dans sa soif d'être aimé, jamais il ne dit « assez ». Toujours il se retrouve en état de manque. Il attend, démuni. Il peut alors pressentir ce qu'est être un homme adulte qui toujours rencontre l'épreuve et l'échec à surmonter. Il peut éprouver combien il est insuffisant à lui et aux autres. Il découvre que sa puissance était un leurre.

Les malades, les infirmes, les prisonniers sont aussi le symbole tragique de l'échec du désir de puissance. Démunis, pauvres, éparpillés ou désarticulés, exilés d'eux-mêmes, qu'ils soient hommes ou femmes, ils s'exposent à Jésus et s'en remettent à lui, en qui ils espèrent.

Leur espoir en lui implore et les excentre d'eux. Ils attendent, ils appellent au secours, ils crient à l'aide et se mettent ainsi à la disposition de la force dont Jésus témoignait.

Mais Jésus n'est-il pas lui aussi en manque, non comblé ?

Vous parlez de Jésus dans sa vie relationnelle d'homme, dans sa vie historique ? Certainement. Il était incompris, calomnié. Il ne pouvait compter sur personne de ces humains qui l'entouraient.

Il se sent exister de son union avec le Père. Ne dit-il pas : « Je ne fais rien de moi-même. Je dis ce que le Père m'a enseigné » (Jn VIII, 28). « Vraiment, je vous le dis, le Fils ne peut rien faire de lui-même, mais seulement ce qu'il voit faire par le Père, car ce que fait le Père, le Fils le fait pareillement » (Jn V, 19). Il est médiateur. Dans sa conscience d'homme, il ne se sent que médiateur de Dieu-Amour, « passif », imprégné de cet amour, tellement transparent qu'il en devient rayonnement du Père. L'agir de l'un est engagé totalement dans l'agir de l'autre et de leur esprit d'amour. « Comme le Père possède la vie en lui-même, ainsi a-t-il donné au Fils de posséder la vie en lui-même » (Jn V, 26)... N'est-ce pas effleurer, sur un mode de rapport amoureux, ce qu'il en est de la vie trinitaire ?

Dieu a parlé aux patriarches, aux prophètes pour qu'ils répètent aux hommes ses paroles. Jésus est venu représenter dans la chair l'amour, harmonique ultime du désir, référé à ce sentiment de chaque père pour son enfant dont il se sent responsable.

Vous voulez dire que, comme Jésus, les malades

et les laissés-pour-compte sont dépendants d'un médecin ou d'une source miraculeuse ou de Jésus s'ils en connaissent l'existence, et qu'ils en attendent vitalité et dynamisme ?

Et pour ce faire, ils « s'offrent » à eux, à Lui, comme un enfant confiant en son papa. Tout comme les bien-portants physiques qui découvrent sur d'autres plans leur manque à être fondamental. Ils sont alors ardemment passifs, comme la femme dont nous parlions, c'est ainsi qu'ils sont renouvelés, re-nés.

Jésus, ancien charpentier, capable de tenir tête aux marchands du temple, est, lui aussi, vis-à-vis de Dieu, ardemment « passif », c'est-à-dire, je le répète, tellement captant le Père, tellement attirant, qu'il est investi par ce Père, « possédé » par lui. Il ne cherche pas sa propre volonté, mais il vise celle de ce Père jusqu'à en être la Parole, l'expression du Verbe, de l'Être, et qu'il peut dire : « Je suis » (Jn VIII, 24, 28, 58). Ce « je » est le même que celui de Dieu [1].

Jésus n'aurait pu ni vivre, ni agir, ni accomplir sa mission à travers sa vie dramatique, il n'aurait pu exercer ses pulsions actives (ou phalliques) s'il ne s'était pas constamment senti pris par Dieu, épris de Dieu et possédé par son Père.

Jésus est le vitrail de Dieu, la verrière qu'incendie le soleil de l'Amour.

1. « Je suis » est le nom énigmatique de Dieu révélé à Moïse : « Je suis qui je serai » (Exode III, 14). Quand Jésus dit : « Je suis », il se révèle Dieu. Ainsi, au jardin de Gethsémanie, les soldats cherchent un homme : « Jésus, celui de Nazareth ». Jésus leur dit : « Je suis », et ils tombent à la renverse (Jn XVIII, 4-6). Bien souvent les traductions rendent « Je suis » par « C'est moi », qui est davantage dans le génie de la langue française, mais laisse échapper la densité essentielle de ces deux mots : « Je suis ».

Il faut donc être « passif » pour pouvoir être « actif ».

Il ne suffit pas d'être passif ou actif dans notre conduite. Ne faut-il pas encore être « sans péché » ?

Que veut dire « être sans péché » ? C'est être en élan de désir, c'est ne pas être freiné par des idées de valeur, de normes, d'imparfait. C'est ne pas juger sa vie ni ses actions passées. Tout cela est primordial pour vivre. C'est fondamental. Aussi Jésus affirme-t-il, à nous qui sommes pécheurs, que nos péchés sont « remis ». Il nous allège de leur poids mort. Si nous avons foi dans ses paroles, quel allégement !

Vous pensez que si cet homme est paralysé, c'est à cause de ses péchés qui l'empêchent de vivre ? Pas de péché, pas de maladie ?

Je ne sais pas. Je pense que c'est une métaphore. La paralysie n'est pas une punition. La paralysie n'est pas une sanction divine contre de mauvaises actions qui embrumeraient sa conscience. La preuve, quand Jésus lui dit : « Fils, elles sont remises tes fautes », le paralysé reste étendu sur son matelas : aucun lien entre la faute morale et la maladie physique.

Alors, pourquoi assurez-vous avec tant de force qu'il est essentiel d'être sans faute pour vivre ?

Pour vivre spirituellement, il ne faut être retenu par aucun esprit de censure ni de condamnation.

A mes yeux, les termes de « péché » ou de « faute »

équivalent à la peur de vivre et aux freins par lesquels nous entravons le mouvement de la vie. En effet, nous essayons de vivre notre désir, mais de multiples barrières : lois [1], événements, incidents de santé, éducation et sentiment de culpabilité, nous retiennent et nous frappent d'inertie. A cause d'eux, nous avons peur d'aller plus loin. Comme on dit, nous sommes « coincés ». Le péché, le sentiment dépressif que nous en avons, notre peur de retomber dans l'échec, peuvent nous détourner de désirer et nous faire perdre courage et confiance en nous.

Le péché n'est pas forcément un acte volontaire de notre mental ou de notre conscience. Quand nous essayons de vivre et non de vivoter, nous ne pouvons faire autrement que d'éprouver un sentiment de risque, que d'avoir peur d'aller plus loin.

Le péché, la faute dont on se souvient, provoquent une paralysie d'un moment. Nous ne pouvons faire autrement que de pécher ! Mais nous souvenir consciemment de nos erreurs, de nos fautes, vis-à-vis de Dieu, des autres, de nous-mêmes, et de nos péchés de pensée, d'action, d'omission, etc. : quelle énergie perdue pour le présent que celle occupée à ressasser et à palper notre passé pour l'apprécier ou le déplorer.

> Comme vous l'avez dit par ailleurs [2], « vivre c'est aussi pécher ». « S'installer » dans le péché, c'est-à-dire s'en occuper, y penser, c'est revenir en arrière, ou du moins s'arrêter d'aller plus avant.

Quand mon « moi » et mon enveloppe, c'est-à-dire la

1. Certes, les lois sont nécessaires, nous en avons déjà parlé : *l'Évangile au risque de la psychanalyse*, t. II, p. 87 *sq*.
2. *Id.*, t. II, p. 116.

dominante corporelle de mon individu, ont envie de quelque chose, est-ce du désir ? Nous n'en savons rien. Nous ne connaissons pas ce qu'est notre désir. Quand une envie nous meut vers un but, nous ignorons si elle vient de notre nature, de l'exemple de nos parents ou si c'est le « sujet » que nous sommes, inconnu de nous, qui se met à désirer par cette médiation physique, corporelle, que l'on dit désirante.

Sans cesse, nous tâtonnons à travers besoins, envies, convoitises, dégoûts, souhaits et peurs pour permettre à notre désir de s'exprimer en trouvant son apaisement — notre plaisir — bien souvent à moindre risque.

Toute créature est objet du Verbe créateur.

Si, dans l'homme sujet désirant, c'est l'objet de la parole de Dieu qui s'exprime, il n'est point de scories, point de chutes, point de déchets dus à notre recherche de plaisir et donc de péchés aux yeux de Dieu. Mais comment le savoir [1] ?

En fait, nous sommes toujours, que nous le sachions ou non, un objet de la parole de Dieu, mais « gangués », prisonniers de nos envies corporelles, peu ou prou esclaves des attractions charnelles.

Pécher, c'est donc être humain ?

Oui, vivre la palette des sentiments humains et des actions humaines, c'est forcément pécher. Il est facile de reconnaître la « faute » quand nous agissons pour notre

1. Mais, à nos propres yeux et aux yeux de ceux que l'on a déçus ou scandalisés, nous pouvons nous sentir en faute *parce qu'*ils nous blâment et nous rejettent.

seul plaisir, en négligeant les droits de l'autre. Mais allez donc savoir si aimer l'autre ce n'est pas céder à un désir qui va dévoyer la trajectoire de sa vie et l'apesantir...

> Et puis il y a aussi les compromis, les lenteurs... On se salit forcément les mains quand on fait quelque chose. Mais doit-on, pour se garder « propre », rester inerte ?
> Établissez-vous une différence entre sentiment de culpabilité et péché ?

L'origine du sentiment de culpabilité, c'est d'abord une sensation cénesthésique, c'est-à-dire une impression générale de sensations internes de « mal-être » qui ne sont pas identifiées clairement. Le sentiment de culpabilité, c'est aussi vibrer en écho aux reproches ou aux peurs des autres, même si nous avons agi en toute bonne foi...

Ainsi, une mère angoissée craignant constamment la maladie ou l'accident angoissera son enfant : vous savez que l'angoisse est très contagieuse ! L'enfant sera donc inquiet. Mais de quoi ? Il n'en sait rien. Un malaise s'installe en lui et le transit. Si le moindre de ses mouvements, la plus petite de ses initiatives tourmente sa mère, il ne peut exprimer son désir. Tout plaisir de vivre lui est barré.

Il va peu à peu confondre ses mouvements, ses risques, ses plaisirs et l'angoisse de sa mère, si bien que son corps et sa vitalité contaminés par la vie et les paroles maternelles seront tissés d'anxiété et de peur. Une autocensure intime se dressera avant même de penser. Même imaginer la vie hors des sentiers de sa mère lui est interdit. (Ce que je dis de la mère l'est aussi bien du père.)

Cet enfant, en grandissant, ne pourra ni désirer, ni se mouvoir sans alarme, ni prendre du plaisir à la vie sans se le reprocher. Coupable d'angoisser sa mère, il vivotera, pour n'être point, à ses yeux, fautif. Il ne pourra vivre ses envies, car il s'est construit de manière à ne pas inquiéter ses parents. Pour ne pas se sentir en faute, il s'est aliéné à la « vérité » de sa mère ou de son père. Agir autrement, désirer autrement l'angoisse.

C'est le sentiment de culpabilité dans son origine inconsciente. Est-il pécheur ?

Toucher à « l'arbre de la connaissance du bien et du mal », ou du mieux et du moins bien, ou du bonheur et du malheur, chez l'enfant dont la mère est sans confiance en la vie, est « coupable » et donc interdit. Et pourtant, toucher aux fruits juteux, agréables, vitalisants, nous est totalement permis. Les goûter, les consommer est vie. Faire l'expérience de cette vie et de ses plaisirs développe nos possibilités et nos capacités.

Mais ce sont nos parents qui en décident pour nous et nous font reproche bien souvent de notre désir original de vivre. Ils se présentent comme unique référence en nous faisant croire que nous agissons bien en *les* satisfaisant, mal en *les* décevant ou en *les* inquiétant.

Jésus, par contre, nous dit en substance : « Le péché ?... Il fallait bien en passer par là. Mais maintenant, sortez-en, n'y pensez plus. Allez de l'avant. »

Il n'y a donc pour vous aucune différence entre sentiment de culpabilité et péché ?

Le sentiment de culpabilité est *laïque*, c'est un terme psychologique. Le péché est *spirituel*, c'est faute contre Dieu, contre l'esprit. Le péché est-il décelable ? Peut-être, comme une non-vie. Mais, tout comme la vie spirituelle est subtile, le péché aussi est bien caché ! Et quasiment indécelable.

> Pour vous, souvent, si ce n'est toujours, il y a pratiquement confusion entre sentiment de culpabilité et péché ?

En effet, il me semble que Jésus parle ainsi : « Je crois que le péché est inévitable, même sans conscience claire de culpabilité. » Nous nous en condamnons, mais lui ne le fait pas [1].

Ainsi, il est difficile d'éviter toutes les ornières quand, à bicyclette, on roule dans un chemin raviné. Si nous sont désagréables les déséquilibres, les reprises, les acrobaties, nous pouvons, bien sûr, nous arrêter, ne plus avancer. Mais la vie continue. Nous pouvons aussi regarder en arrière, revoir les endroits de nos chutes et nous lamenter.

Nous pouvons encore essayer de découvrir les futures ornières pour... les éviter, mais, ce faisant, nous sommes sûrs d'y tomber. Car la meilleure façon d'être happés par le danger, c'est de le fixer. Se concentrer sur ce qu'il faut éviter devient le but immédiat du désir. C'est donc cela que nous allons fatalement réaliser, alors que c'est précisément cela que nous voulions éviter.

Jésus dit : « Va et ne pèche plus. » Allez-y. Regardez le but, voyez les parties planes de la route pour y parvenir. Votre attention étant disponible, appliquée seulement à ne voir que la partie de la route qui est en bon état, vous aurez ainsi le plus de chances d'éviter les ornières.

Il y en aura toujours. Mais l'important est de fixer le

1. Cf. chap. 5 : « Le jugement dernier ».

but au lieu d'avancer à reculons ou de s'arrêter à contempler les tourments de notre route et les égratignures ou les blessures que nous ont infligées nos compagnons. Continuons. Risquons le tout pour le tout. Allons-y sans être préoccupés de notre petite dignité, sans craindre d'abîmer notre image...

... sans être « narcissique » ?

Être narcissique, c'est ne pas vouloir perdre la face à ses propres yeux : on s'aime, on se centre sur soi, on tourne autour de soi, on se préserve. C'est pourquoi nous faisons tant de réserves pour le lendemain. Ce qui revient à dire que nous n'avons pas foi que demain nous apportera de quoi trouver notre vivre.

Mais cette attitude nous est congénitale, héréditaire.

Oui. Pécher est inhérent à la race humaine. C'est, d'après moi, ce que la Bible nomme le péché originel. Le péché de notre origine, c'est d'être impuissant à survivre sans l'assistance tutélaire de nos éducateurs. Cette faiblesse crée donc notre plus ou moins longue dépendance vis-à-vis des parents nourriciers et des maîtres humains qui s'interposent bien souvent entre nous et notre désir.

Ainsi un enfant va-t-il obéir aux multiples envies d'une pauvre mère qui a besoin que son enfant la satisfasse toujours davantage, fortifiant par là même son narcissisme. Il se soumettra au désir d'un père qui souhaite que son fils soit son chien couchant, sa copie conforme. Et voyez le fils prodigue. Parce qu'il a pris, avec son héritage, sa liberté, et qu'il a tout perdu, et qu'il se trouve dans la misère, il croit avoir péché contre son père. Et le fils aîné qui se censure lui-même de ses désirs d'émancipation se croit vertueux [1] !

Et j'ajoute que nos parents, nos grands-parents, etc., nous ont transmis l'envie de consommer l'autre. Depuis notre premier cri, nous avons une fringale de consommation invraisemblable ! Nos modes de manifester notre « amour » sont bien souvent encore le style dévorateur, cannibale : on mange des yeux, on dévore de baisers. Et notre mode de signifier notre mécontentement est souvent le rejet : « Mauvais. Vilain. Va-t'en. Ote-toi de là que je m'y mette. »

Mais que serait, d'après vous, un homme sans péché ?

Un homme qui ne pécherait jamais serait un fou, peut-être un fou de Dieu, mais un fou, émigré de son corps, qui obéirait au désir de Dieu (ou le croyant tel), qui le traverserait au jour le jour.

Mais jamais nous ne savons si Dieu désire ce que nous désirons. C'est par nos envies, nos tentations, nos labeurs que nous médiatisons le désir où Dieu a sa part. Dieu se manifeste par sa création, dont nous sommes des éléments partiels. Il manifeste donc aussi son désir par l'intermédiaire des actions que nous faisons. C'est dire que les bavures, les hésitations, les satisfactions, les assouvissements, en un mot les péchés, et d'autre part les risques, l'amour, etc., sont forcément accolés au dire et au faire de l'homme [2].

Quitte à me répéter : c'est pervers que d'arrêter sa conscience, d'occuper son désir aux expériences passées,

1. *L'Évangile au risque de la psychanalyse*, t. II, p. 59 *sq*.
2. Mt XIII, 24-30.

au retour sur soi, aux satiétés, aux plaisirs, aux tranquillités : aux répétitions de ce qui a été agréable ou désagréable. La vie est mouvement et changement continuel, elle apporte plaisir et peine alternés, à prendre comme ils viennent au courant du désir, au jour le jour. Nous devrions nous risquer, sans cesse, avec confiance. Ce serait ainsi n'être pas « trop » pécheur !

> Être « tenté » de rechercher du plaisir est donc péché, d'après vous ?

Viser le plaisir comme seul but et pour soi seul est pécher. Je le crois en effet. Rechercher toujours plus de plaisir personnel en travaillant le moins possible et avec le moins de risques possible est pécher. Sûrement : on ne risque rien. Rien d'inattendu, d'inédit, rien du Réel — comme on l'a vu plus haut — ne fera irruption dans la vie.

Mais la tentation est nécessaire, inévitable, puisqu'elle nous attire et nous met en route. Mais jamais nous n'obtenons totalement ce que nous désirons ni le plaisir comme nous l'espérons. Et le plaisir n'est-il pas une image approximative et déformée du bonheur qui, à nos yeux, peut justifier les risques du désir ?

Mais le désir nous dépasse, il nous a faits engendrés dans la chair avant que nous en ayons conscience. Nous sommes nés désirants de parents désirants.

Le désir a ses avatars agréables, nous nous en réjouissons. Il a ses avatars déplaisants et douloureux, nous nous en affligeons et nous crions alors : « C'est péché… » Quand péchons-nous ? Quand ne péchons-nous pas ? Nous ne le savons pas. Je crois que nous péchons constamment !

Le « péché » n'est donc pas forcément conscient ni volontaire ?

Certainement. C'est notre condition humaine que d'être pécheurs.

Le péché, c'est ce qui n'est pas élan en nous, et comme nous ne pouvons pas être à chaque instant impulsion, envol, bienveillance, folie, nous sommes logiques, raisonneurs, ergoteurs, gourmés, sans confiance en nous ni dans les autres, coincés, pusillanimes, orgueilleux, prudents, hypocrites, menteurs, envieux, etc.

Et si nous étions toujours habités par cet essor ou par ce mouvement, que saurions-nous du désir ?

Il est vrai que si ce mouvement se solde par une insatisfaction, nous croyons bien souvent que nous avons péché. Nous nous sentons coupables d'avoir éprouvé un désir qui nous a apporté une déception, alors qu'il est très possible que ce désir à l'écorce amère soit désir de Dieu, au-delà de nous et de notre jugeote bornée.

La foi en Dieu, la foi au désir, c'est, pour vous, comme un cri au-delà du plaisir. C'est dire aussi que nous ne connaissons pas le sens de notre vie.

Nous sommes à la fois sourds, aveugles, impuissants. De plus, le temps et l'espace n'existent pas pour le « sujet ». C'est le « moi » qui existe dans le temps et dans l'espace. C'est le « moi » qui est limité par la peau de notre organisme. Et notre désir est obligé de « faire avec », comme on dit, mais il n'a pas à s'y installer et à mourir de paralysie par crainte de risquer ce précieux « moi ».

Jésus dit : « Avec moi, il n'y a plus de péché. C'est fini,

allez-y. Vivez. Ne vous arrêtez pas de vivre. N'ayez pas peur, je suis là, avec vous, tous les jours. » Par là, Jésus est libérateur.

Il n'y a plus, vu de Dieu qui est amour, de désir mauvais au sens de mal spirituel. « Ne pensez plus qu'à vous aimer les uns les autres comme je vous ai aimés. Et aimez les autres comme vous vous aimez vous-mêmes. Vous mourrez ? Moi aussi je suis mort et je suis vivant toujours. Après votre mort, avec moi, vous aussi, vous serez vivants. »

> Revenons au texte. Ceux qui entourent ce paralysé ne pensent pas comme vous. Certains disent d'abord que Dieu seul peut remettre les péchés : c'est un aspect idéologique. Mais je suis sûr que d'autres ne croient pas ce que proclame Jésus : c'est du verbiage sans intérêt.

Les humains estiment toujours qu'il est plus difficile de modifier la matière ou le physique que de transformer le mode de vie affective ou spirituelle.

Si un compagnon de route, en qui vous avez confiance, vous déclare que vous avez le droit à l'erreur, à la maladie, au péché, autrement dit si quelqu'un déclare, comme ici au paralysé, que les péchés sont remis, vous serez heureux, totalement en paix. Par les paroles de Jésus, le paralysé est directement en communication avec Dieu.

> Ne faudrait-il pas que, demain, dans un mois, dans un an, quelqu'un lui redise, lui rappelle que ses péchés lui sont remis, car il oubliera et il a besoin d'être assuré à nouveau…

… de ranimer en nous l'espoir, de réentendre les paroles qui libèrent.

Si personne ne nous dit les paroles qui délivrent, si nous taisons les paroles qui pourraient affranchir le voisin, ses fautes lui seront retenues. Mais il est souvent difficile de trouver quelqu'un à qui dire ses fautes et qui, de leur poids, nous en délivre.

Tout le monde le sait. Les parents savent parfaitement qu'ils peuvent libérer leur enfant quand ils l'encouragent ou lui pardonnent un méfait. L'enfant repart alors joyeux et confiant dans sa vie. Ils peuvent aussi le maintenir prisonnier de sa culpabilité, l'immobiliser dans sa croissance, l'empêcher de se risquer.

> C'est une bien mystérieuse solidarité en effet. Mais c'est une solidarité psychologique. Dans cet Évangile, ne s'agit-il pas de spirituel ?

Bien évidemment. Mais si, dans le domaine psychologique, la reviviscence peut se constater grâce à l'octroi de paroles libératoires, il est facile de le transposer dans le domaine spirituel. Bien sûr, c'est sur la parole de Jésus, en qui je crois, que j'ose affirmer que la libération psychique est une image de la libération spirituelle. Redire ce pardon, redire que les fautes sont remises au nom de Jésus, c'est-à-dire qu'elles n'existent plus ou qu'elles n'existent pas, est un acte sauveur, engendreur de confiance et de liberté.

> L'Évangile montre que Jésus engendre, en effet, ce paralysé : il l'appelle « fils ». Le mot grec *teknon* veut dire « engendré ». Il le remet donc debout spirituellement, responsable, mais non coupable.

Pour Jésus, il est capital de mettre spirituellement cet homme sur ses pieds, de l'aider à se remettre à marcher spirituellement.

Cet homme devait sans doute aspirer à se retrouver libre de ses mouvements physiques !

Pourquoi pas ? Mais peut-être que, pour cet homme, sa guérison physique n'ajoute pas un bonheur essentiel à la révélation que vient de lui faire Jésus : « Tes péchés sont pardonnés. » Mais pour que tous croient à l'invisible, plus important dans le Royaume de Dieu que le visible, il l'a libéré aussi physiquement.

Souvent, nous pensons qu'il n'est rien de pire que les dégâts et les souffrances physiques. Mais je sais que celui qui est vraiment malade dans son cœur et qui est tourmenté psychiquement souffre plus atrocement que celui qui est affligé dans son corps.

La maladie dépressive, par exemple, est une épreuve terrible pour qui en est frappé. La maladie corporelle, même incurable, est souvent préférable. La mort est souhaitée parfois. Survivre en cet état est pire que la peur de la mort.

C'est pourquoi je pense qu'il est nécessaire pour être actif d'être réceptif à cette bonne nouvelle, à cette révélation qui va tellement contre les lois et contre l'éducation (religieuse et laïque), à cette révélation qui est de ne pas s'arrêter dans l'enchevêtrement de nos désirs partiels ni devant l'autorité paralysante de la loi et de ses représentants. « Ne pèche plus » veut dire : « Va de l'avant. Sois fou de Dieu et aime, aime, aime. Ainsi, tout désir, à travers joies et peines, s'accomplira. »

Sans cette foi, point de « miracles ». Point de

guérison, si on réfléchit. Il s'agit de se désinvestir pour investir l'autre, médecin, guérisseur ou Jésus, pour avoir une assurance, une sécurité ?

Pourquoi ne mentionner que des hommes de pouvoir ? Non, tout autre que soi-même vers qui on se sent en confiance peut redonner force et aider à retrouver sa forme ; un bébé ne peut-il pas redonner courage à ses parents en détresse par l'amour qu'il suscite en eux ?

On a besoin de réfléchir et de se réfléchir dans un miroir, dans une réussite, de se retrouver dans un compliment, une parole amie. Il nous faut nous aimer pour pouvoir aimer les autres. Cependant, il nous faut admettre aussi les ratés de nos rencontres, les déceptions, les déchets de nos communications : on est pécheur et on se sent pécheur, limité. Dieu, Jésus en son Nom, imprégnant ce « malade » de son regard et de son amour, fait disparaître l'idée même de rebut attachée à sa personne et renouvelle cette créature : « Tes péchés te sont remis. » « Va. Vis. Aime. Risque-toi. Je t'aime, toi qui es pécheur, qui que tu sois. »

# 4

# Intermède

GÉRARD SÉVÉRIN : Beaucoup se diront : « Françoise Dolto, une fois de plus, nous fait part de son inconscient, elle nous livre les chocs de sa subjectivité face à la lecture des Évangiles. » Tout ce que vous dites, n'est-ce pas un « système de défense » face aux difficultés de la vie, tout comme le fait une théorie ?

FRANÇOISE DOLTO : Il est bien évident que les textes évangéliques font choc en ma conscience et ondes de choc jusque dans mon inconscient, comme je l'ai déjà écrit [1]. Ils ressemblent à un torrent fantastique de sublimation des pulsions. C'est cette lecture mienne, cette bonne nouvelle que j'en ai reçue dont je témoigne.

Peut-être avez-vous raison, peut-être que ma « foi » est une commodité pour être plus à l'aise dans la vie et que, me sentant trop fragile, cette béquille m'est une assurance. Cependant, je ne peux m'empêcher de constater que tout être humain, à sa naissance, est possédé d'espérance. Un amour, une foi l'inondent, sans

1. *L'Évangile au risque de la psychanalyse,* t. I, introduction.

lesquels il ne survivrait pas. Chaque fois que se lève en nous une espérance en quelqu'un ou pour un but, notre courage se décuple, notre vie s'oriente, notre endurance aux épreuves en est fortifiée.

Quand vous dites : « Tout être humain, à sa naissance, est possédé d'espérance », vous nous faites part, sans doute, d'une observation que vous avez faite en approchant les nouveau-nés et les nourrissons. C'est, pourrait-on dire maintenant, de la pédiatrie élémentaire !

Pour moi, tel est l'amour de Dieu, c'est cela l'Être de Dieu, en résonance avec chacun de nous. Espérance, amour, foi sont les ressorts fondamentaux de notre être vivant. Et puis, à propos de cette pédiatrie élémentaire, Jésus ne nous a-t-il pas donné les enfants en modèle de vie ?

Absence d'espérance, perte d'amour, ruine de la confiance sont les épreuves majeures des êtres humains. Ces souffrances sont dévitalisantes, mortelles pour le cœur et le corps, mais aussi pour l'intelligence.

Pourquoi appelez-vous Dieu ces « ressorts fondamentaux », ce soubassement essentiel à la vie ? Pourquoi ne pas parler tout simplement de désir ou de qualités vitales ?

Pourquoi pas !...

Je dis Dieu ou Esprit, parce que je ne vois pas comment je peux éviter de parler ainsi depuis que Jésus, Fils de Dieu, et les Évangiles ont fait rupture dans notre histoire et dans mon histoire, apportant la révélation d'un art de diriger ma vie avec amour au-delà de la raison et de l'échec humain, comme le font les enfants.

Avec Jésus, la justification du désir se mute en amour. La tendresse infinie du cœur de Dieu — je parle bien sûr en mots humains — a explosé chez nous. Son fils Jésus nous l'a montrée et initie qui le veut au désir libéré par l'amour.

C'est la psychanalyse qui m'a donné cette foi. Je ne l'avais pas avant. C'est le fait de rencontrer mon unité intérieure par-delà mes morcellements, de m'accepter telle que je suis, qui m'a fait accepter Dieu en disant : « Si je suis, c'est qu'Il est. La preuve qu'Il est, c'est que je suis. »

Mais le jeu de la vie, de cette vie qui m'est en charge, est un détail à côté de ce qui est la Vie et que j'ignore. C'est un détail d'avoir un corps !

Et pourtant, c'est par ce détail, c'est grâce à cette circonstance fortuite que je participe par mon histoire à la vie de tous ceux qui, en croisant la leur à la mienne, ont contribué à l'existence de mon être. De cet être, j'ai une conscience très fragmentaire, mais, par amour, je souscris, je consens à vivre l'énigme de la vie.

Ce détail qu'est mon corps disparaîtra en tant qu'individu ; mais, profondément, pour ce qui est l'essentiel de moi que j'ignore, cela ne change rien. Ce sera une souffrance, bien sûr... Comme nous souffrons tous quand une partie de notre corps fonctionne mal. Sentir que la vie va s'arrêter, que bientôt nous allons nous séparer de ce que nous laissons sur terre, doit être difficile, très douloureux et angoissant.

Cette douleur fait partie de la vie dans l'espace et le temps de la planète Terre. Elle ne fait pas partie de ce qui est déjà ici, mais d'un autre « lieu ». Quand ce corps ne sera plus, « je » serai toujours, puisque Dieu est et que « je » suis de lui. Je ne peux que retourner à lui.

Quand on dit que l'on retourne à la « maison du Père », le mot « maison » m'étonne toujours. Pour moi, ce n'est pas une maison ni un lieu, c'est un être. Notre corps est une « maison », mais « je » est un être et Dieu est l'Être.

Ces mots, « maison du Père », font-ils allusion à notre esprit qui se manifeste dans l'habitat provisoire d'un corps individuel de sa naissance à sa mort ? Ce corps, on le désigne en disant « moi » ou « je » lorsqu'un désir l'anime et que « moi » choisit de l'exprimer ou non.

Je crois que l'Être est par-delà la mort, mais nos sens ne peuvent rien en savoir. Que nos sens n'en puissent rien savoir ne veut pas dire qu'Il n'est pas.

Reste que l'approche psychanalytique de l'inconscient qui est mien et de celui des enfants et des adultes me permet de comprendre ceux qui ne croient pas en Dieu ; c'est la même force qui les anime à dire : « Je ne crois pas », et moi à dire : « Je crois. »

Ils disent qu'ils ne croient pas en Dieu, parce qu'ils ont, chevillés au corps, foi, espérance, amour, idées, sentiments, qu'ils ne peuvent couler dans le mot qui les réunit, le mot « Dieu ». Mais je trouve qu'ils ont une foi formidale. Ils ont foi en leur athéisme, en leur raison logique. Mais l'incroyant, comme on dit, n'est jamais à l'abri de la tentation de croire.

C'est-à-dire de douter de ses certitudes ?

C'est-à-dire de retrouver en lui Dieu à l'affût, Dieu aux aguets, enracinant dans la profondeur de l'homme une exigence sans contour, infinie. Devant l'ignorance, l'incertitude ou le doute, l'incroyant ne veut aucune consolation, par courage, par éthique. A ses yeux, l'homme faible, mortel, ne sachant pas le sens fondamental de la vie, doit stoïquement accepter l'existence et ne pas chercher consolation. Pourquoi pas ? Je les admire.

Quand à moi, je ne peux pas faire autrement que de croire en Dieu. Mais, je vous l'accorde, je ne sais pas ce que je dis. Je ne dirai jamais que ceux qui n'y croient pas ont tort, parce que je ne sais plus ce qu'est ne pas croire en Dieu.

Certains psychanalystes, c'est surprenant, me reprochent de croire, mais ils ne se reprochent pas de ne pas croire ! C'est aussi surprenant, n'est-ce pas ?

Pour eux, c'est un mécanisme de défense devant l'angoisse. Peut-être... Mais est-il plus valeureux de ployer sous l'angoisse ? Au nom de quoi instaurent-ils cette discrimination ? Au nom de leur savoir ? Au nom de leur inconscient libéré, idéalement analysé ? Ou simplement en suivant un maître à penser en qui ils ont foi ?

Pour moi, l'être humain est un être transcendant, c'est-à-dire qui dépasse le monde qu'on appelle matériel — peut-être que les animaux le sont aussi, mais nous ne le savons pas. Toute créature est une parole rendue présente, matérialisée par un corps humain. Elle s'incarne parce qu'elle a cette confiance fondamentale qui se nomme la foi, elle nourrit cette espérance d'un demain qui se lèvera et elle projette la lumière d'un amour qui est attraction vers un but qui l'engage ailleurs, sur un chemin illimité.

Mais comment une parole peut-elle s'incarner ?

Je ne sais pas le « comment », mais c'est un fait. Pendant le coït, une parole n'est pas prononcée, les géniteurs s'arrêtent de parler et, de cette parole non dite, dans le silence du désir, un nouvel être humain prend vie, parfois.

Au moment de l'orgasme ?

De l'orgasme conscient ou inconscient. A ce moment-là, ils sont dépouillés, hors d'eux-mêmes. Ils ne sont plus dans leur habituelle image de corps. Ils sont corps perdus.

Mais n'y a-t-il pas, maintenant, des naissances en laboratoire ? Seraient-elle aussi des « incarnations » en éprouvette ?

Les « bébés-éprouvettes » naîtront de cellules germinales issues de corps « perdus », de ces corps qui ont parlé, désiré, aimé.

C'est encore une énigme. Comment se fait-il qu'un être de la même espèce que ces géniteurs absents puisse éclore parce qu'un expérimentateur va rapprocher deux cellules vivantes, chacune ayant le désir de s'unir à l'autre ? Existe aussi, en plus, le désir de ce savant qui veut étudier le problème qui le travaille.

Vraiment, que savons-nous de la vie dont nous sommes des représentants ? Quelle est cette énigme dont nous parlons ? Quel est ce désir, qui, au-delà de nos corps limités dans l'espace et le temps, nous fait exprimer pensées et sentiments qui en éveillent d'autres, de bouche à oreille ou d'écrit en lecture, par-delà le temps et l'espace ? Nous nous en servons, de la vie, nous la détruisons. C'est cela aussi vivre.

— Rien n'a de sens, dira l'un.

— Mais ce que vous dites n'en a-t-il pas un ?

— Après ma vie, c'est le trou noir, il n'y a rien.

— Avant votre vie peut-être aussi. Et en ce moment même ? Et pourtant, vous et moi communiquons, perdus dans l'univers, à discuter de son sens, nous y associons nos impuissances...

> Mais votre explication ou votre interrogation, est-ce de la philosophie ? De la psychanalyse ? Du spirituel ?

Il me semble que tout ce que nous sommes est métaphore ou signe. Ainsi, la métaphore de la chair, c'est le psychisme. La métaphore du psychisme, c'est l'esprit. Notre corps n'est que l'image de quelque chose d'autre qui vit constamment. Ainsi, pour moi, la mort n'a pas de sens sans la résurrection. La mort du corps est une mutation de notre vie sous l'apparence charnelle qui nous permet d'être en attente d'un je-ne-sais-qui d'inattendu et d'imprévisible. Le corps est un provisoire représentant, ce n'est pas une fin, un but.

De même notre corps est-il en manque quasi permanent : nous avons toujours besoin de quelque chose. Mais ce manque de notre corps est une image d'un autre appel profond attaché à notre condition mystérieuse et que j'appelle manque de Dieu.

> On vous reprochera d'être tantôt freudienne, tantôt croyante. Freud était athée, en effet.

Heureusement ! Sinon il n'aurait jamais découvert comment se structure un être ni comment s'exprime la dynamique sexuelle, laquelle est justement une manifestation du désir.

Cet être humain qui tient de l'« animal » par son organisme et ses besoins, et qui tient d'« ailleurs » par les questions qu'il se pose, par les réponses qu'il se donne, par le travail et l'entraide qui maîtrisent le monde en découvrant ses lois, cet être se définit surtout par la parole dont il dispose pour tenter d'exprimer son être. Certains appellent d'ailleurs l'homme le « parlêtre ».

Si Freud était resté cantonné dans sa religion juive, s'il avait gardé la vision du monde médical de son temps, il n'aurait rien trouvé d'original, il n'aurait rien inventé.

C'est parce que Freud est sorti du giron de sa religion, parce qu'il se sentait fils spirituel de la Grèce humaniste, parce qu'il était phobique de Rome la catholique (c'est-à-dire qu'il ressentait inhibition et angoisse en pensant à Rome), qu'il a découvert la psychanalyse : jamais il n'aurait fait cette invention s'il avait accepté les réponses toutes prêtes et de sa religion et de la science médicale pour expliquer l'être humain. Mais la recherche de la vérité sur l'homme ne s'arrête pas à Freud, à Copernic, à Darwin, à Maxwell, à Einstein...

C'est une nécessité que de perdre ses sécurités, de couper les ponts, pour retrouver autrement quelque chose d'autre. Mais... comme on sait ce que l'on a et que l'on ne sait jamais ce que l'on aura, c'est angoissant !

Sa religion, la Bible qu'il a lue, ont forcément influencé Freud.

Comme vous l'avez dit, elles lui ont servi de « placenta ». La psychanalyse est née dans un occident judéo-helléno-latino-chrétien. Dans la Bible, c'est le personnage de Moïse qu'il a étudié dans *Moïse et le Monothéisme*. Mais les rapports de la psychanalyse et de la culture dans laquelle elle est née commencent seulement d'être étudiés méthodiquement.

Quoi qu'il en fût, Freud, pour faire sa découverte, se devait de quitter sa religion, qui ne répondait pas à la question de Dieu comme il se la posait.

Et les religions chrétiennes, y répondent-elles ?

Pas plus que les autres. Les religions, à mon sens, pervertissent le désir profond de l'être humain en codifiant une morale qui n'a rien à voir avec l'Évangile.

Cette morale consciente, enracinée dans le décalogue ainsi présenté, est, en effet, puérile, légaliste, mais nécessaire, bien sûr, pour tenter de vivre en société. Sans lois, pas de civilisation [1]. Mais la loi est au service des hommes et non l'homme au service de la loi.

Les Églises se croient obligées d'édicter des codes de comportement au nom de l'Évangile. Mais celui-ci enseigne bien autre chose qu'une morale. Il est rencontre de Jésus clé du désir complètement déculpabilisé.

Chacun aurait donc à suivre le même itinéraire que Freud : quitter sa « religion » ?

Si je m'étais contentée des réponses religieuses à l'angoisse, jamais je n'aurais étudié la psychanalyse. Je recevais des solutions doloristes, masochistes, me demandant de m'identifier à Jésus pantelant sur la croix... Je n'aurais pas cherché l'origine de la guerre intérieure qui crée l'angoisse et fige la communication.

1. Et pourtant, malgré les lois et la morale (et parfois en leur nom), que de crimes, que de guerres...

Mais comment, sans religion, peut-on rejoindre Dieu ?

Sans inféodation à une institution ? C'est cela que vous appelez religion ? Là où il y a mouvement ou possibilité de mouvement, là, il y a de l'amour. S'il y a mouvement du corps, du cœur, de l'intelligence qui cherchent, c'est qu'il y a liberté et place. Si nous bougeons, c'est que nous avons foi en nos déplacements vers tous ceux qui nous entourent, nous donnent des moyens dynamiques de mouvement, soit qu'ils aient besoin de nous, soit que nous ayons besoin d'eux... Nos rencontres sont dues à des différences de niveau qui créent un courant, un mouvement d'amour. L'être humain est un être religieux de nature : il désire entrer en relation. L'essentiel de sa communication, c'est l'amour.

Pour moi, Dieu et les autres ne sont pas séparables. Autrement dit, nous ne pouvons vivre Dieu que dans les relations, que dans la communication : c'est grâce à votre voisin que vous rencontrez que s'engendre la dynamique du désir.

Cette dynamique nous emmène partout, mais elle ne mène nulle part !

Cette dynamique du désir, c'est Dieu. Dieu n'est pas un superbe bouche-trou qui rendrait clos notre monde et nous y ferait voyager sans but.

Dieu est un aspirateur, permettez-moi le mot. Nous sommes aspirés vers un ailleurs, vers Lui. Pour moi, ce n'est pas aller « nulle part ».

Le désir, c'est le désir. Pourquoi l'appeler Dieu ?

L'homme, en tant qu'homme, est né de la parole. D'où vient la parole ? De la relation de désir entre les êtres.

Mais de qui vient cette relation de désir ? L'origine du désir, c'est le Verbe, c'est l'acte de désir de rencontrer l'autre. Cela s'appelle aussi l'Amour.

Et enfin, d'où vient l'Amour ? Il vient d'ailleurs. J'appelle cet ailleurs le Verbe et pourquoi pas Dieu ? Pourquoi faudrait-il changer ce mot ?

> Certains trouveront vos raisonnements peu sensés : ce « Dieu » n'existe pas.

Qu'ils le disent et le proclament, si cela les aide à avoir plus de communication avec les humains ! C'est vrai, il est des gens qui, sous prétexte qu'ils sont en communication avec Dieu, ne rencontrent plus personne.

Savoir si l'on croit ou si l'on ne croit pas : question absurde ! Si je parle, c'est que je « crois » assez en moi pour pouvoir parler, mais je n'y prête pas attention. On « croit » sans le savoir, comme M. Jourdain faisait de la prose à son insu. C'est la vie même...

Et, si je réfléchis un peu à ma vie, je découvre en moi un mouvement dont le flux et reflux s'articulent autour de trois êtres, moi, toi, lui ou elle. C'est un mouvement trinitaire.

Pour moi, c'est de l'élémentaire psychanalyse. Et les psychanalystes qui s'occupent des enfants psychotiques ou névrosés savent que le bébé est d'abord en mouvement entre son père et sa mère, eux-mêmes en mouvement l'un vers l'autre, l'un par l'autre. Grandissant, l'enfant devient père et mère de lui-même. Les retards qui se font jour sont le signe d'un blocage de circulation à l'intérieur même de lui.

Ce père et cette mère qu'il a appris à devenir vis-à-vis de son désir peuvent être handicapés du fait d'un déficit plus ou moins grave de son père et de sa mère charnels, modèles dans sa petite enfance.

Le mouvement trinitaire entre lui et ses deux tuteurs peut s'immobiliser si le désir de l'enfant ne trouve pas sa place entre celui des parents. Le voilà psychiquement fixé, paralysé : il ne peut exprimer de désir.

La métaphore spirituelle de cette vie psychique triangulaire est le Dieu-Trinité. Rien d'inconcevable ni de farfelu. C'est un mouvement d'amour, sans arrêt ni reprise.

# 5

# Le jugement dernier

**Évangile d'après Matthieu XXV, 31-46.**

*Quand viendra, dans sa gloire, le Fils de l'homme et tous ses anges avec lui, il s'assoira sur son trône de gloire.*

*Devant lui seront rassemblés tous les païens et il séparera les uns des autres comme le berger sépare les moutons des chèvres. Il mettra les moutons à sa droite et les chèvres à sa gauche.*

*Le roi dira alors à ceux qui sont à sa droite :*

*« Allons, les bénis de mon Père, héritez du royaume préparé pour vous depuis la fondation de l'univers !*

*Car j'ai été affamé et vous m'avez donné à manger.*

*J'ai été assoiffé et vous m'avez donné à boire.*

*Je n'étais pas du pays et vous m'avez accueilli.*

*Nu... et vous m'avez habillé.*

*J'ai été malade et vous êtes venus me voir.*

*J'étais en prison et vous êtes venus jusqu'à moi ! »*

*Alors les justes lui répondront :*

*« Seigneur, quand t'avons-nous vu affamé pour te donner à manger ?*

*Quand t'avons-nous vu assoiffé pour te donner à boire ?*

*Quand t'avons-nous vu étranger pour te recevoir ? Ou nu pour t'habiller ?*

*Et quand t'avons-nous vu malade ou en prison pour aller jusqu'à toi ? »*

*Le roi leur répondra : « Vraiment, je vous le dis, dans la mesure où vous avez agi pour un de ceux-ci qui sont les plus malheureux de mes frères, à moi vous l'avez fait. »*

*Puis il dira à ceux qui sont à sa gauche :*

*« Allez-vous-en, maudits, au feu perpétuel qui a été préparé pour le diable et pour ses anges.*

*Car j'ai été affamé et vous ne m'avez pas donné à manger.*

*J'ai été assoiffé et vous ne m'avez pas donné à boire.*

*Je n'étais pas du pays et vous ne m'avez pas accueilli.*

*Nu... et vous ne m'avez pas habillé.*

*Malade et en prison... et vous n'êtes pas venus me voir. »*

*Alors eux aussi répondront : « Seigneur, quand t'avons-nous vu affamé ou assoiffé ou étranger ou nu ou malade ou en prison pour ne pas te rendre service ? »*

*Il leur répondra alors : « Vraiment, je vous le dis, dans la mesure où vous n'avez pas agi pour un de ces malheureux, à moi non plus vous n'avez rien fait. »*

*Ceux-ci s'en iront pour être punis, toujours, et les justes pour vivre, toujours !*

GÉRARD SÉVÉRIN : Revenons à ce que vous dites à propos du péché. Matthieu décrit une scène qui est un jugement. Sont placés à droite les bons, à gauche les maudits qui vont aller « au feu perpétuel qui a été préparé pour le diable et pour ses anges ». Existe donc le péché et ce péché est puni. Il n'est pas pardonné.

FRANÇOISE DOLTO : Remarquons d'abord que le péché, dans ce tableau, est absence de communication. La bonne action, en revanche, c'est la communication avec l'assoiffé, l'affamé, l'étranger, le prisonnier, etc.

Jésus nous indique par ailleurs (Mt XII, 49) que le sens premier, primordial, des relations humaines est de nous identifier à l'autre. Cet étranger, cette femme en prison, ce peut être moi, demain. C'est peut-être moi aujourd'hui. En rendant visite à un malade, en donnant de la nourriture à celui qui a faim, je fais quelque chose pour moi-même. « Aimer le prochain comme soi-même » est le principe de toute rencontre : si un jour j'étais dans une telle situation, je serais bien contente que quelqu'un me donne les moyens de me remettre sur pied.

Il va sans dire que nous avons à préserver l'identité de l'autre. Si nous nous mettons à sa place, où pourrait-il se placer ? Nous le ferions disparaître et, sous prétexte de lui rendre service, nous signerions sa suppression.

Mais il faut d'abord s'aimer soi-même !

Si vous n'avez pas de considération pour l'être humain que vous êtes, vous ne pourrez pas non plus estimer votre voisin ni bien sûr l'aimer.

Il en est qui se méprisent, qui s'estiment indignes d'intérêt et qui pourtant s'occupent des autres.

Les masochistes, ceux qui n'ont pas de respect pour eux-mêmes, ceux qui « aiment » les affronts, se comportent toujours habilement pour en tirer profit et jeter les autres dans l'embarras ou les placer dans la position de bourreau coupable. Ils s'en servent pour les « manger », les accabler ou les soumettre, car ils « projettent » dans les autres ce qu'en eux ils n'aiment pas. Ils ne peuvent dynamiser leur voisin. Comment aimer les autres si on ne s'aime pas soi-même ?

En vérité, nous n'existons que parce que nous sommes reconnus par d'autres, et ceux-ci n'ont, à leur tour, d'existence que parce que nous les reconnaissons ou que nous nous retrouvons en eux, à la fois semblables et autres.

En chacun de nous, n'y a-t-il pas un carnassier cherchant qui dévorer ?

Nous arrivons au deuxième sens de ce « jugement ». La vérité d'une rencontre, la vérité la plus inconsciente, c'est que, dans le plus petit, le plus infirme, le plus délaissé, Dieu est présent. Dieu, le désir, le vide, l'aspiration... (prenez tous les mots que vous voulez) s'engendrent par la rencontre. Une dynamique s'ébauche. C'est la vie ! Un courant circule entre ceux qui se rencontrent, chacun restant lui-même tout en participant au même mode d'être.

Hors de ce mouvement, c'est la mort ?

Oui, nous sommes des êtres de circulation de désir, d'échanges constants. Dans l'échange, celui qui donne reçoit, celui qui reçoit donne...

Reste — et cela est de notre humaine condition — que notre peur ou notre agressivité nous font chercher à prendre plus que nous ne donnons : nous exploitons notre voisin par peur de manquer de quelque chose ou par envie de tout posséder. Et si nous avons été généreux à l'égard d'un autre, nous n'acceptons pas qu'il n'en soit pas reconnaissant. Nous avions donc prêté pour avoir un rendu ! C'est humain, ce n'est pas chrétien. Sommes-nous jamais vraiment chrétiens ? Bien difficilement…

Jésus nous dit : « Celui que vous délaissez, et qui, par le fait même, ne peut plus se reconnaître homme, c'est moi. Celui que vous avez secouru, c'est moi. » Ne serait-ce pas que chacun de nous est fils de Dieu et que nous l'oublions ?

Non seulement nous sommes invités à prêter sans cesse attention à notre voisin qui est Jésus (tout en étant en même temps lui-même), mais celui qui est abandonné peut, lui aussi, toujours s'estimer : il participe de Jésus souffrant. Il ne vit plus en solitaire sa souffrance ni son angoisse, surtout si, comme le « bon » larron, il ne maudit personne ni ne hait ceux qui ne viennent pas à son aide.

Personne n'est donc supérieur à l'autre. Ainsi peuvent se réinstaurer les échanges. Si vous mangez l'autre, si vous l'écrasez de votre domination, impossible d'établir avec lui une quelconque relation véritablement humaine. Il n'est plus un être humain. Jésus et l'homme sont conjoints.

> Justement, ici Matthieu brosse une description prophétique du Jugement dernier : s'élèvent condamnations, se prononce un châtiment éternel…

Une religion qui aurait une valeur vraiment dynamique serait celle qui « remettrait » toujours les péchés.

Quand Jésus dit à tous les disciples, c'est-à-dire à tous les chrétiens (Mt XVIII, 18) : « Tout ce que vous lierez sur la terre sera lié au ciel, tout ce que vous délierez sur la terre sera délié au ciel », il ne déclare pas que c'est bien ou mal de « délier » ou de ne pas « délier » ! Il dit la puissance de la parole sur chacun de nous.

Il fait une constatation : telles relations entre les humains allègent du poids du péché ou du sentiment de culpabilité, telles autres alourdissent et ne libèrent rien.

Jésus ne dit pas de retenir les fautes aux gens pour les tracasser, ni surtout de multiplier les lois qui induisent la culpabilité (divorcés-remariés, contraception, organisation du culte obligatoire, rappel complet de la litanie des fautes pour les confesser et ainsi pouvoir communier... tant et si bien qu'à la longue on endort sa conscience pour pouvoir être « propre »). Jésus est venu justement pour les pardonner.

« Combien de fois faut-il pardonner, demande Pierre. Jusqu'à sept fois ? » Jésus lui répond : « Je ne te dis pas jusqu'à sept fois, mais jusqu'à soixante-dix fois sept fois » ! (Mt XVIII, 21-22). Même sur la croix, ne dit-il pas, parlant de ses tortionnaires : « Père, pardonne-leur, ils ne savent pas ce qu'ils font » ?

Et cependant, pour vivre en société, il nous faut garder la notion de responsabilité, de faute, de péché. En tant que citoyen, nous avons à endosser nos actes, les éviter s'ils sont mauvais pour nous-mêmes et pour autrui. Notre logique humaine, notre pesanteur, nous obligent à maintenir cet instrument, le sentiment de culpabilité, et à sauvegarder les lois qui nous régissent en société. Oui, la notion de péché est laïque, elle n'est pas du tout évangélique, ni chrétienne, ni spirituelle.

> Vous ne répondez pas à ma question : qu'est-ce qu'un jugement, sinon une sanction de fautes, de péchés. Juger, c'est faire justice, c'est blâmer, c'est condamner ou c'est acquitter, récompenser. De

toute façon, Jésus nous dit, dans ce passage, qu'il y a du bien qui sera gratifié et qu'il y a du mal qui sera puni.

Cette mise en scène de Matthieu est, je le redis, une constatation. Jésus observe que, si un être se sent appelé à se donner et qu'il ne se donne pas, il vit un drame : il choit sur son noyau névrotique. Il stoppe le courant du désir.

C'est une constatation : nous faisons des choix féconds qui nous rendent heureux et d'autres qui sont stériles, qui ne nous font pas vivre, qui nous font dormir ou même mourir au désir.

Chacun de nous a une part d'expérience humaine qui, parfois très précocement, inhibe à tout jamais certains mouvements du désir. S'anéantissent et s'éliminent alors certaines expressions de la libido, de notre énergie, qui ne sont plus fécondes.

Naturellement, « on ne peut pas tout faire », « on ne peut pas tout avoir » ni « être au champ et à la ville », comme on dit. Chaque vie sécrète son gâchis : non seulement notre lourdeur, nos peurs, nos envies de plaisir, de contentement de soi, etc., nous rendent plus ou moins stériles, mais, de toute façon, jamais nous ne pourrons réaliser toutes nos possibilités. Choisir est nécessaire pour vivre. Il y a des pertes, des déchets dans chaque vie. C'est inévitable. N'empêche que ce peut être bien dommageable à notre dynamique, à l'élan de notre désir.

De plus, existent, dans nos rencontres avec les autres, des impasses, des déceptions qui nous referment sur nous-mêmes et n'ouvrent la voie sur aucun horizon. Voilà bien des occasions d'appauvrissement et de perte de communication.

Se dressent aussi des haines entre des amours qui apparaissaient durables et qui craquent tout à coup. Ces débris, ces chutes, ces scories tombent inutiles. C'est mort, ce n'est pas animé, c'est l' « enfer ». Il est destructif de s'y attarder.

> Mais si votre analyse était aussi sereine que vous le dites, ce « jugement » ne serait pas présenté d'une manière aussi péremptoire ni dramatique.

Jésus veut nous faire sortir de nous-mêmes, nous remettre dans le courant du désir. Il veut nous provoquer à dépasser nos inhibitions. D'où son souci pédagogique de nous « choquer », sinon nous ne ferions rien. Nous avons à changer de niveau. Ce bouleversement est souvent pénible : il nous faut un ébranlement. Ces images, ce tableau qu'il donne à imaginer à ses contemporains a pour but de secouer l'inertie [1].

> C'est donc que nous sommes libres de nous ouvrir ou de nous enfermer. Nous avons une certaine responsabilité !

En tout cas, il faut vivre comme si nous l'avions.

> J'en déduis que vous ne savez pas quelle est la plage de liberté de chacun ni même si elle existe...

En effet, nous ne connaissons pas les limites de notre liberté. Nous ignorons en quoi nous sommes déterminés. Mais notre désir et le désir des autres, toujours pal-

1. Cf. la parabole du mauvais riche, *l'Évangile au risque de la psychanalyse,* t. II, p. 119 *sq.*

pitants, nous incitent, sinon à agir, du moins à toujours imaginer, à toujours penser.

> Quoi qu'il en soit, vous n'écrivez « monstre » ou « saint », « bon » ou « mauvais » sur la porte de personne, lorsque tant d'hommes, croyants ou non, se pressent de conclure, d'étiqueter, de s'enfermer dans le cercle étroit qu'ils ont conventionnellement tracé autour d'eux.

Il ne s'agit pas d'étiquette. Dans cette parabole, il est question du désir plus ou moins faussé. Jésus insiste pour nous le dire et aussi nous faire remarquer que nous ne savons plus rien de notre « perversion » : nous jugeons nos actes et leur but d'une manière narcissique, d'après un paraître et non pas selon l'Esprit, c'est-à-dire non pas selon une dynamique mais selon les apparences et les résultats. En un mot, notre éthique, notre morale sont dévoyées.

Ajoutons que personne ne peut juger son compagnon : on ne connaît de fait ni la liberté de chacun ni les motifs ou les peurs qui font agir ou paralysent. Ce sont là des forces contradictoires qui sont en nous, en chaque être humain. Tout se passe dans l'intime du cœur.

En résumé, cette parabole exprime deux aspects de notre vie :

— En nous, existent des valeurs fécondes du désir qui ont pu porter fruits. Existent aussi des possibilités du désir qui n'ont pas pu se réaliser. Momentanément sacrifiées, elles sont transformables en vie spirituelle. Ces valeurs et ces possibilités du désir de communiquer avec les autres vont du côté de Dieu. Elles sont « bénies » de Dieu.

— En nous, existent aussi des « parties-déchets » qui

choient, stériles, car elles sont sans valeur pour la communication, la création, la disponibilité à rencontrer les autres et à agir [1]. Ces scories tombent, inutiles, en « enfer », autrement dit dans les latrines de l'humanité.

D'après vous, ce passage d'Évangile établit un simple constat de la vie de notre désir et de la lourdeur de notre pesanteur ?

Le diapason peut en être un exemple : il donne la note juste. Seules vibreront les notes ajustées à ce ton. Celles qui ne sont pas « au diapason » sont de fausses notes ; sans harmoniques ni résonances, elles sont éliminées, fausses.

Le diapason sert donc à accorder toutes les notes par rapport à la sienne. Jésus est pour chacun ce diapason auquel on peut se référer dans l'intime de notre cœur. Il est pour chacun l' « idéal du moi [2] ». Davantage, il est l' « idéal du je ». Il permet de réajuster constamment ce qui, en nous, se désaccorde dans notre désir. Il nous oriente vers le véridique amour qui contient toutes les harmoniques du désir.

Dieu est celui qui, sans arrêt, suscite en chacun de nous et dans le monde une dynamique sans fin de notre désir. Nous sommes en genèse permanente. Le péché est cette faiblesse de placer, sur la partition de la vie, un point d'orgue qui en arrête la progression.

1. Cf. l'indifférence du lévite dans la parabole du « Bon Samaritain », *l'Évangile au risque de la psychanalyse,* t. I, p. 145 *sq.*
2. C'est-à-dire, en psychanalyse, une aspiration éthique ou morale.

# 6

# Une nourriture qui entretient le manque

**Évangile d'après Jean VI, 1-59.**

*Puis Jésus s'en va de l'autre côté de la mer de Galilée ou de Tibériade. Une foule nombreuse le suit, car les gens ont vu les « signes » qu'il a faits sur les malades.*

*Jésus gravit la montagne et là s'assoit avec ses disciples. On est proche de Pâque, la fête des Juifs.*

*Jésus lève alors les yeux et voit venir vers lui une foule nombreuse. Il dit à Philippe : « De quel lieu viendront les pains que nous achèterons pour qu'ils mangent ? » Il dit cela pour le mettre à l'épreuve, car il sait, lui, ce qu'il va faire.*

*Philippe lui répond : « Deux cents deniers de pains ne suffiraient pas pour que chacun en reçoive un petit peu. »*

*Un de ses disciples, André, le frère de Simon-Pierre, lui dit : « Il y a ici un gamin qui a cinq pains d'orge et deux petits poissons. Mais qu'est-ce que cela pour tant de monde ? »*

*Jésus dit : « Faites asseoir les gens. »*

*Il y a beaucoup d'herbe en cet endroit. On s'assoit donc. Les hommes sont environ cinq mille.*

*Jésus prend alors les pains et, après avoir remercié (Dieu), les distribue aux convives ainsi que les petits poissons. Autant qu'ils en veulent. Quand ils sont rassasiés, il dit à ses disciples : « Rassemblez les morceaux qui sont de trop afin que rien ne soit perdu. »*

*Ils les recueillent et remplissent douze paniers des morceaux des cinq pains d'orge : c'est le superflu de ceux qui ont mangé avec appétit.*

*En voyant le « signe » qu'il vient de faire, les gens disent : « C'est vraiment lui le prophète qui vient dans le monde. »*

*Mais Jésus comprend qu'on va venir le prendre pour le faire roi. Il s'éloigne à nouveau dans la montagne, tout seul.*

*Le soir venu, ses disciples descendent à la mer. Ils montent en barque pour aller de l'autre côté, à Capharnaüm. L'obscurité s'est déjà installée et Jésus n'est pas encore arrivé auprès d'eux.*

*Souffle un grand vent. La mer se soulève. Ils ont ramé environ quatre à cinq kilomètres*[1] *quand ils voient Jésus marcher sur la mer et s'approcher de la barque. Ils ont peur.*

*Mais il leur dit : « Je suis là. N'ayez pas peur. »*

*Ils veulent donc le prendre dans la barque... et aussitôt la barque accoste là où ils allaient.*

*Le lendemain, la foule qui se tient de l'autre côté de la mer voit qu'il n'y a pas d'autre embarcation et que Jésus n'est pas monté avec ses disciples dans la barque mais que ses disciples sont partis seuls.*

*Par contre, de Tibériade, des embarcations arrivent près du lieu où on a mangé le pain après que le Seigneur eut remercié. Quand la foule voit que Jésus n'est pas là ni*

1. Littéralement 25 à 30 stades.

*ses disciples, ils montent dans les embarcations et s'en vont vers Capharnaüm à la recherche de Jésus. Ils le trouvent de l'autre côté de la mer et lui disent : « Rabbi, quand es-tu arrivé ici ? »*

*Jésus leur répond : « Vraiment, vraiment, je vous le dis, vous me cherchez, non pas parce que vous avez vu des " signes ", mais parce que vous avez mangé du pain et que vous avez été rassasiés. Travaillez non pas à produire de la nourriture périssable, mais de la nourriture qui tient pour la vie, pour toujours, celle que vous donnera le Fils de l'homme. Celui-là, le Père Dieu l'a marqué d'une empreinte. »*

*Ils lui disent alors : « Que faire pour se mettre à l'ouvrage de Dieu ? »*

*Jésus leur répond : « Voici le travail de Dieu, c'est que vous ayez foi en celui qu'il a envoyé. »*

*Ils lui disent : « Toi, quel " signe " nous fais-tu donc voir pour que nous ayons foi en toi ? Que réalises-tu ? Nos pères ont mangé la manne dans le désert, comme il est écrit : " Il leur a donné à manger un pain du ciel... " »*

*Jésus leur dit : « Vraiment, je vous l'affirme, ce n'est pas Moïse qui vous a donné le pain venu du ciel, mais c'est mon Père qui vous donne le pain du ciel, le vrai. Oui, le pain de Dieu, c'est celui qui descend du ciel, il donne vie au monde. »*

*Ils lui disent alors : « Seigneur, donne-nous toujours ce pain-là. »*

*Jésus leur dit :*

*« Je suis le pain de la vie. Qui vient à moi n'aura pas faim. Qui a foi en moi n'aura pas soif. Jamais. Mais je vous l'ai dit, vous me voyez et vous n'avez pas foi. Tout ce que mon Père me donne viendra à moi, et celui qui vient à moi, je ne le jetterai pas dehors.*

*Je suis descendu du ciel, non pas pour faire ma volonté,*

*mais la volonté de celui qui m'a envoyé. Et voici la volonté de celui qui m'a envoyé : que je ne perde rien de ce qu'il m'a donné, mais que je le fasse lever au dernier jour.*

*C'est bien la volonté de mon Père que tout homme qui voit le Fils et a foi en lui ait la vie pour toujours ; moi, je le mettrai debout au dernier jour. »*

*Les Juifs alors se mettent à murmurer contre lui parce qu'il a dit : « Je suis le pain qui est descendu du ciel. »*

*Et ils ajoutent : « N'est-ce pas lui, Jésus, le fils de Joseph ? Ne connaissons-nous pas son père et sa mère ? Comment maintenant peut-il dire qu'il est descendu du ciel ? »*

*Jésus leur répond :*

*« Ne protestez pas entre vous.*

*Personne ne peut venir à moi si le Père, celui qui m'a envoyé, ne l'attire, et moi je le mettrai debout au dernier jour.*

*Il est écrit dans les Prophètes : " Tous seront instruits par Dieu. " Tout homme qui se met à l'écoute du Père et à son école vient vers moi : car personne n'a vu le Père, sauf celui qui vient de la part du Père, celui-là a vu le Père.*

*Vraiment, je vous l'affirme, celui qui croit possède la vie pour toujours.*

*Je suis le pain de vie.*

*Vos pères ont mangé la manne dans le désert et sont morts, mais le pain qui descend du ciel est tel que celui qui en mange ne mourra pas. Je suis ce pain vivant qui est descendu du ciel. Si quelqu'un mange de ce pain, il vivra pour toujours, et le pain que moi je donnerai, c'est ma chair pour la vie du monde. »*

*Alors les Juifs discutent entre eux : « Comment celui-ci peut-il nous donner sa chair à manger ? »*

*Jésus leur dit :*

*« Vraiment, je vous l'affirme, si vous ne mangez la chair du Fils de l'homme et si vous ne buvez son sang, vous n'aurez pas la vie en vous. Celui qui mange ma chair et boit mon sang a la vie pour toujours, et moi je le mettrai debout au dernier jour.*

*Oui, ma chair est vraiment une nourriture et mon sang est vraiment une boisson. Celui qui mange ma chair et boit mon sang habite en moi et moi en lui.*

*Comme le Père, qui est vivant, m'a envoyé et que je vis par le Père, ainsi celui qui me mange vivra par moi.*

*Tel est le pain qui est descendu du ciel : il n'est pas comme celui que nos pères ont mangé et sont morts. Celui qui mange ce pain-là vivra pour toujours. »*

*Jésus dit cet enseignement dans la synagogue de Capharnaüm.*

GÉRARD SÉVÉRIN : Une telle aubaine tente les gens d'en faire leur roi : leur sécurité alimentaire serait assurée et il est plus facile de croire aux « signes » matériels…

FRANÇOISE DOLTO : … qu'aux « signes » spirituels ! Jésus le leur dit d'ailleurs : « Vous me cherchez, non pas parce que vous avez vu des “ signes ”, mais parce que vous avez mangé du pain et que vous avez été rassasiés. […] Vous me voyez et vous n'avez pas foi. »

Cette consommation matérielle de pain et de poisson est le « signe » d'une autre consommation. C'est l'image d'une autre nourriture, celle-là impérissable : l'amour que Jésus porte à tous les hommes et ses paroles de vie qui nourrissent le cœur et l'esprit.

Ici encore, Jean nous fait changer de niveau : on passe du matériel au spirituel. Les gens voient la matière, mais ils ne « voient » pas « autre chose », qui est invisible et qui entretient notre être de désir et pas seulement notre corps de besoin.

> Jean ne parle jamais, en effet, de miracle, mais de signe. Peut-être invite-t-il à pressentir une autre existence ou une autre vérité ?

Mais cette vie autre est inconnaissable pour nous qui vivons, du fait de notre corps matériel, dans le monde physique, charnel, palpable, et qui maîtrisons notre vie imaginaire par notre intelligence logique. Le spirituel est tellement différent, tellement insoupçonnable que, sans une révélation de Jésus, nous n'en saurions quasiment rien. Nous serions comme les braves gens de ce passage d'Évangile : nous regarderions sans rien voir d'« autre »... ou peut-être prendrions-nous les fantasmes de notre imagination pour signe de vie spirituelle !

> Jésus prétend, un peu plus loin : « Tout ce que mon Père me donne viendra à moi, et celui qui vient à moi, je ne le jetterai pas dehors. »
> Il est bizarre ce « *tout ce que* mon Père... ». C'est un neutre que beaucoup traduisent par « tous ceux que le Père me donne ». De plus, ce passage ne suggère-t-il pas l'idée de tri, d'exclusion de la part du Père ?

C'est au genre neutre parce que, d'après moi, c'est le désir. Le désir n'est ni masculin ni féminin. Le désir n'a pas de sexe, dans l'inconscient.

Le désir est un courant énergétique. Courant pulsionnel, instinctif, il pousse ou attire l'être humain vers son complément pour satisfaire son manque. Il le stimule à communiquer dans l'espoir d'un apaisement, apaisement qui est plaisir passager lorsqu'il s'agit de nos sens.

Y a-t-il une idée de tri, de choix ? Je pense que Jésus dit à peu près : « Tout ce que mon Père décide, je l'agis. Tout authentique désir qui vient vers moi, je ne le jette pas dehors, je l'accueille. »

Et le désir, la psychanalyse nous le prouve, n'est ni masculin ni féminin. C'est le désir de la vie qui est communication entre les humains au-delà de leur apparence féminine ou masculine. C'est le désir qui aspire à porter fruit selon l'Autre Désir, celui qui vient d'ailleurs, qui vient de Dieu, maître et source de toute vie.

> D'après cet extrait d'Évangile, pour rejoindre le spirituel, il est donc nécessaire d'aller au-delà de ce qui est matériel et charnel. Il faut dépasser le corps qui ne serait qu'une apparence ?

Je ne crois pas que Jésus dise : « Il faut. » Je crois qu'il constate : « C'est ainsi. »

Jésus, par l'attirance et la fascination qu'il suscite, séduit et entraîne le désir à aller plus loin, par-delà le corps et le charnel, bien plus loin que le désirant ne s'en supposait capable, ni même ne pouvait l'imaginer.

Ainsi, quand les disciples prennent Jésus à leur bord, dans leur bateau, ils sont tout de suite sur l'autre rive du lac. C'est ce que saint Jean dit ici, à sa manière : les apôtres veulent prendre Jésus dans leur barque « et aussitôt la barque accoste là où ils allaient ». Jésus met en question les certitudes de nos expériences sensorielles.

Le temps qu'ils auraient « logiquement » dû mettre à ramer leur a paru un instant. Ne connaissons-nous pas cela quand, « amoureux », nous sommes en présence de l'être aimé ? Le temps est aboli. Les heures passent comme un instant.

A certains, il est nécessaire d'avoir une expérience et même des expériences de vie pour découvrir leur manque à être, leur désir de Dieu. D'autres sont happés par Dieu ; leur vie, tout à coup, change de cap. A chacun son itinéraire et son rythme d'évolution.

Quoi qu'il en soit, Jésus désire que chacun ait foi en ses paroles : il est médiateur des paroles que Dieu révèle aux hommes. Sa mission est d'initier les hommes au désir venu de Dieu. La loi de Moïse, par contre, régit la vie de chaque Hébreu dans son existence quotidienne, dans l'espace et le temps de cet univers. Avec Jésus, qui est Dieu, l'espace disparaît et le temps aussi. Le but est atteint immédiatement. Il est Maître du désir et son Désir est maître.

Jamais ses paroles n'interdisent, ne barrent la route à l'élan de quiconque ni ne blâment personne. Si, un jour, il crie à Pierre : « Retire-toi, Satan », ce n'est pas Pierre qui est rejeté, mais c'est une « envie-obstacle », une peur paralysante qui est débusquée dans la bouche de Pierre lorsque celui-ci veut empêcher Jésus d'aller à Jérusalem et de s'y faire tuer.

Jésus se joint au cœur de chaque homme. Si ses paroles sont écoutées comme vérité de Dieu, si Jésus conduit vie et recherche conscientes, si sa venue est perçue comme une aide à l'homme qui le cherche sans même le savoir à travers le prisme de son propre désir et à travers l'obéissance à la loi, alors les impasses, les éclipses, les contradictions même du désir mèneront chacun, chacune à trouver, par-delà la mort, un autre monde où ne règne que l'amour, que l'esprit d'amour toujours créateur.

Cet amour est déjà présent, ici et maintenant. Mais nous sommes aveugles, attachés que nous sommes à ne voir et à ne vouloir que des valeurs de conservation et de sécurité ou à ne considérer que ce que nos sens perçoivent dans le conditionnement de notre réalité terrestre.

> Dans le fil de ce que vous avancez, est-ce cela qui conduit Jean à mettre tout à la suite, la multiplication des pains, la marche de Jésus sur l'eau et son embarquement, puis l'annonce du « pain vivant » ?

C'est dire que nous passons par les plans successifs d'une même découverte : au-delà de la matière et de ses lois que nous déchiffrons existe, dès aujourd'hui, une autre vie. Nous est ici révélé qu'un autre monde invisible est uni à notre univers quotidien. Tout n'est que symbole.

> Alors, que veulent dire, d'après vous, ces mots : « Si quelqu'un mange cette chair, il vivra. C'est le pain de vie » ? Qu'est-ce donc que cette chair ?

Jésus doit vouloir dire : « Assimilez bien tout ce que vous me voyez vivre. De tout ce que vous m'entendez dire, rassasiez-vous-en. Et transmuez-le en votre propre chair parlante. Que vos actes soient aussi vivants, vivifiants que les miens. Que vos actions illustrent mes paroles à votre manière, inédite. Gardez mes paroles. Souvenez-vous de mes gestes. Vivez dans la mémoire de moi qui suis venu parmi vous visiblement, et ainsi, invisiblement mais réellement, je serai toujours avec vous.

Mais qu'a-t-il de si vivant ?

Lisez les Évangiles ! Qui a parlé, qui a vécu comme il l'a fait ? Aucun homme, aucun mythologue, aucun savant n'aurait pu, de toutes pièces, inventer cette histoire : l'amour fait homme ! Cet homme est prédit par les écritures. Il est celui que l'humanité monothéiste et craintive attendait.

Son corps est un « signe ». Par ce signe, Jésus se montre Verbe de Dieu, son Père. Par lui, il nous révèle le sens d'un désir dont la mort n'arrête pas la course. Son corps est entièrement traversé par Dieu.

« Manger » ce corps, c'est symboliquement prendre le moyen de nourrir notre corps de la vie de l'Esprit. C'est « incorporer » dans notre affectivité et notre intelligence son Esprit d'amour, et en vivre. Ainsi, celui qui le mange et garde ses paroles se remémore ses actions, concentre et focalise son désir sur Jésus pour devenir autre avec les autres, sans cesser d'être lui-même. Le voilà dépollué de ses modèles infantiles qui lui furent nécessaires pour devenir un être parlant.

En un certain sens, le nouveau-né ne fait pas autrement. Sa première rencontre est un contact oral, il est invité à un repas. Le nourrisson absorbe le lait qu'il a fait, par sa naissance, sourdre à la poitrine de sa mère. Tandis qu'il tète sa mère, il s'imagine la manger, la cannibaliser.

Mais l'enfant et sa mère sont deux êtres qui communiquent entre eux : elle l'aime, et lui, tout en rassasiant son corps, boit les paroles de sa mère, il dévore des yeux les mimiques de son visage. Il construit ainsi son être de langage.

Jésus reconnaît chez les humains cette faim qui, bien

qu'elle soit charnelle, en appelle à des paroles de vie pour le plaisir et pour la joie spirituelle.

A Cana, questionné par Marie, il a changé l'eau en vin. Ici, il pose lui-même la question : « De quel lieu viendront les pains que nous donnerons à cette multitude ? » et il répond : « Ce lieu, c'est l'enfant qui est en vous. De cet enfant qui est en vous viendra de quoi vous rassasier chacun et tous ensemble. »

Jésus multiplie ce petit bien : deux poissons et cinq pains que possède un enfant. Il en remplit des corbeilles. Il en donne à tous et il en reste encore.

C'est ce que nous donnent les enfants (et non ce que, père et mère, nous leur donnons) qui suscitera la richesse pour tous.

Au-delà de notre père et de notre mère et de tous les autres, Jésus nous appelle à oser être authentique, à tenter d'être sincère en vivant, à son exemple, notre désir unique et disponible à chaque moment.

« Celui qui mange ma chair, dit Jésus, vivra. » C'est, on vient de le voir, traduit dans le domaine spirituel, la transformation que vit sur le plan affectif chaque humain avec ses parents et ses amis. Le pain partagé et le vin bu ensemble sont témoins de vie donnée, celle de Jésus incandescence d'amour.

> Vous voulez dire que chaque fois que Jésus agissait, il se donnait entièrement ? Chaque fois que Jésus parlait, il se disait entièrement ? Entre, d'une part, son dire et son faire et, d'autre part, son être, il y avait équation parfaite ? Est-ce possible ?

Oui. C'est cela. Il ne disait rien de lui-même. Une fois, sa mère et ses frères le cherchaient, ils demandaient à parler à sa personne. Il leur fit cette réponse : « Celui qui fait la volonté de Dieu est mon frère, ma sœur, ma mère » (Mc III, 31-35). C'était l'Amour qui parlait. C'était Dieu agissant dans la chair chez nous qui parlait avec des mots, mais en y insufflant l'essentiel qui nous échappe toujours.

Il disait de baptiser, c'est-à-dire de plonger le monde entier dans ce tourbillon d'amour fluide et circulant. Il se sentait être ce tourbillon, ardeur de désir de communication, passion d'amour créateur.

> Mais quand il parlait, Jésus disait une phrase à la fois. Combien d'autres phrases possibles tues à jamais, tombées dans l'oubli, dans l'inconscient. Jésus ne disait pas tout de Dieu. Ce qu'il disait était de Dieu, mais il ne disait pas tout de Dieu à chaque instant.

Il ne révélait pas toujours tout, mais il vivait ce qu'il ne disait pas. Il n'était que vérité. La vérité ne peut pas toute se dire, mais ce qui n'est pas dit rayonne. Elle étend sa lumière et sa chaleur sur toutes les opacités et les pesanteurs. Jésus se fait connaître à qui le désire authentiquement. Et le désir authentique inclut les plus archaïques expressions, cri et soif par exemple qui appellent l'air et l'eau, sans quoi aucune vie n'est possible pour l'homme, de même que l'amour, aussi indispensable au cœur de chacun.

> Pour le connaître, il faut le manger et boire son sang. Que veut-il dire ?

Jésus ici prépare ses auditeurs à le découvrir nouvel agneau pascal. Jésus se donnera lui-même en nourriture le jeudi d'avant Pâque. Il se désigne ainsi nouvel agneau pascal. Cet agneau est, pour les Juifs, le symbole de leur libération de chez les Égyptiens. Grâce à lui, ils avaient pu « se sauver » et passer sur une autre rive, dans un autre pays, où ils ne seraient plus des esclaves.

Tous les ans, au moment de « Pâque » (qui veut dire « passage »), ils se remémoraient cet événement en tuant un agneau qu'ils mangeaient. Chaque fête de Pâque scandait le temps qui s'écoulait et rappelait à chacun qu'il n'était que de passage sur la terre. Chaque vie est un voyage.

C'était un repas totémique, pourrait-on dire aujourd'hui ?

Certainement. Mais, avec Jésus, nous allons plus loin. Avec lui, il s'agit toujours d'une initiation à une vie autre, dès aujourd'hui, et non pas d'une préparation à un voyage futur. Ce n'est pas pour se rendre Dieu favorable, ni pour se protéger, ni pour faire pénitence, c'est pour s'initier à une vie nouvelle entre les hommes ici et maintenant, déjà.

Dans l'Évangile, il est montré que Jésus prend en compte tous les fantasmes…

… oui, même ceux des fœtus qu'on pourrait qualifier de vampires et de tous les nourrissons « cannibales [1] » : rien de ce qui est humain n'est étranger à Jésus. C'est pourquoi il accorde de l'importance à tout homme jusqu'aux plus archaïques expressions de son désir.

Mais on ne « mange » pas la chair de Jésus, on ne

1. Ce sont des fantasmes : le nourrisson édenté ne mange pas sa mère, il boit le lait. Et le fœtus se nourrit de sang par son cordon ombilical.

« boit » pas son sang pour le remercier, ni mériter ses bonnes grâces, ni pour faire pénitence ; c'est, amicalement réunis, en mémoire de lui.

Jésus veut initier chacun à vivre dans l'amour. Voilà la clé de la vie, voilà la victoire sur le péché, sur le sentiment de culpabilité né de l'orgueil des humains qui deviennent dépressifs après l'échec de leurs projets ou de leurs entreprises. L'amour ne remâche pas les blessures, ni les échecs, ni les désespérances. L'amour mise et risque sur l'avenir. L'amour espère tout.

Jésus nous initie au fait que la mort physique n'est pas un scandale. C'est une nécessité. Il nous apprend que la souffrance est une fatalité due à notre existence limitée à un corps et liée à la planète. Ce n'est pas le spirituel qui en est la cause, mais la souffrance qui résulte des épreuves peut aider à la construction de notre être spirituel.

Jésus a passé sa vie à proclamer que ce que nous croyons péché n'est pas le mal aux yeux de Dieu, mais aux nôtres. La souffrance n'en est pas la punition. Quittons cette obsession qui prête à Dieu les sentiments vengeurs des hommes.

Jésus affirme et révèle que la mort est une mutation par laquelle se dissocie notre esprit de sa matérialisation qui a organisé, pour un temps, notre séjour dans un corps. Son auguste matérialité, sa précieuse santé, son inestimable beauté ne sont pas à conserver ni à préserver à tout prix des dangers ou des souffrances ! Envisager le contraire, c'est souhaiter au fœtus de rester bien au chaud au lieu de faire « sa » vie. Au contraire, il lui faut mourir pour que le nourrisson naisse.

Vivre en communion avec Jésus, c'est se laisser muter, s'éveiller à cette autre vie, dès aujourd'hui.

> Pourquoi le manger ? Pourquoi le boire ? Voilà des mots précis. Jésus aurait pu se contenter de dire simplement : « Écoutez mes paroles, mettez-les en pratique. »

La psychanalyse nous aide à en comprendre quelque chose.

D'où notre propre chair prend-elle son origine, son point de départ ? De la rencontre de désir de nos géniteurs. Notre conception est l'œuvre de cet accomplissement, de cette « consommation » (comme on dit « consommer » un mariage). Ce vivant résultat vint de l'interconsommation des cellules germinales mâle et femelle. L'organisation dynamique d'un nouvel être humain s'anime.

Après sa naissance, l'enfant croît, uni à sa nourrice qui l'alimente de lait, de tendresse, de chaleur, de soins et de paroles. Sa chair, son cœur et son esprit sont ainsi nourris.

Le nouveau-né, quand il est au sein, est dans une situation de « cannibale [1] » : il boit le lait, il mange le sein, il mange sa mère. Cette mère qui est médiatrice, intermédiaire, interprète et éducatrice : elle lui fait découvrir son identité propre et sa place par rapport à son père, par rapport aux autres et à la société sans laquelle ni l'enfant, ni elle-même, ni aucun être humain ne survivrait.

1. On retrouve ces fantasmes dans les rêves, en psychanalyse. Lorsqu'il était dans l'utérus, il « suçait » le sang par son ombilic. Puis, à sa naissance, le lait a remplacé le sang, et au sevrage le nourrisson se croit puni d'avoir dévoré le sein de sa mère, sein qui vient de disparaître ; « expulsé » du ventre, privé du sein, dépossédé de ce qui faisait sa vie, de ce qui était son paradis, il éprouve une angoisse de même qualité que celle due à une mauvaise action. C'est la « genèse » du sentiment de culpabilité imaginaire et névrotique.

Vraiment, c'est dans la consommation, dans les échanges dévorateurs substantiels et subtils entre cet individu-bébé et sa mère (qui progressivement se différencient), que sont reçues la vie organique, la vie émotionnelle et la vie psychique.

Ces paroles de Jésus qui paraissent provocatrices : « Si quelqu'un mange ma chair, il vivra. Je suis le pain de vie. Mon sang est un breuvage de vie », désignent — du moins je les comprends ainsi — la nourriture pour l'être spirituel qui est en nous tissé à l'être charnel.

Quand on veut garder sa vie, quand on veut défendre sa chair et ne point mourir, on construit, on fait du commerce, on procrée ! Les enfants de sa chair assurent — tout comme les fruits des créatures végétales et les petits des animaux — la pérennité des lignées et de l'espèce humaine, mais la vie est plus que son vêtement, le corps.

> Est-ce folie de mégalomane ou obéissance à un ordre divin ?

A la lumière de la psychanalyse, je pense que, par ces mots provocateurs, Jésus réveille chacun de nous dans son inconscient depuis les entrailles de sa mère et ses fantasmes les plus anciens. Et comme fils de Dieu, il initie à une autre dimension du désir, une dimension extra-temporelle, hors des limites de nos sens. C'est au Royaume de Dieu qu'il nous appelle.

Jésus donne sens à ces fantasmes d'agression les plus archaïques en disant : « C'est pour cela que je suis venu. » Ce ne sont pas péchés. Il annonce que sa venue les exorcise. Ces « péchés », qui sont la source de la culpabilité de l'enfant et plus tard de l'homme et de la femme, sont des fantasmes.

Par eux, chacun essaie de justifier son malaise, d'expliquer son manque qui anime le désir toujours sans réponse. Ce silence devient une épreuve qui fait mal... Tout comme le nourrisson « coupé » de son réconfort, sa mère, sa source de vie, « coupé » du dieu que sont ses parents, chacun se sent coupable, dans sa chair, son cœur ou ses pensées.

Jésus, par ses paroles, déculpabilise l'homme de ses désirs refoulés, vampiriques, cannibales. C'est comme s'il disait, effaçant le « péché originel » de la naissance et du sevrage : « Soyez vampires de mon sang et cannibales de ma chair. Mangez-moi. Ensemble, venez à ma rencontre. Souvenez-vous de moi, ensemble. Suivez-moi, je suis la voie du désir qui mène à l'amour. Dieu est vivant en vous, mais, jusqu'à moi, vous vous en sentiez séparés.

« Je suis le pain et le vin, produits, fruits du mariage des dons de la nature et du travail des hommes. Ces aliments ont été créés par leur agressivité d'hommes associée à leur intelligence industrieuse et à leur habileté manuelle. Ils donnent réconfort et plaisir individuels et surtout collectifs.

« Aimez-vous les uns les autres. Donnez-vous les uns aux autres les apaisements à vos désirs en pensant à l'amour qui vous unit par moi qui vous le révèle.

« Comme un père qui se donne à ses enfants, je vous me donne aussi. Quand, ensemble, vous vous réunissez, si, ensemble, vous me consommez en vous souvenant de moi, c'est-à-dire en vous référant à mon rayonnement d'amour, en redisant mes paroles, vous créez alors les conditions de mon être, là, au milieu de vous. Je suis la réponse à votre désir au cœur de chacun : nourriture d'amour. »

C'est la réalité dans le temps et l'espace liée à

l'imaginaire de chacun et au symbolique pour tous. Ces trois champs de la psyché humaine sont témoins, en ce monde, du Réel. Le Réel vivant qui est l'Amour actualisé dans ces repas partagés, substantiels, subtils et spirituels.

> « A la fin, je vous mettrai debout si vous avez la foi en moi. » Jésus ne pose-t-il pas ainsi une condition pour ressusciter l'homme et le faire vivre avec Dieu ?

Jésus affirme plus précisément : « C'est bien la volonté de mon Père que tout homme qui voit le Fils et qui a foi en lui ait la vie pour toujours ; moi, je le mettrai debout au dernier jour. » Qui peut désigner celui qui n'aura pas la foi au dernier jour ?

Par ce partage du pain et du vin, il nous donne un moyen de prendre en charge les désirs les plus primitifs, les plus refoulés qui existent en tout être humain. Il nous permet, en nous attirant à un autre niveau, de quitter ces besoins, ces envies archaïques et leur résiduel sentiment de culpabilité et d'en faire notre deuil pour le rencontrer présent à chacun intimement au milieu de ceux qui, ensemble, le recherchent.

> Le spirituel se situe toujours dans la castration, autrement dit, dans la séparation ?

La séparation stimule. Quand, d'un objet, d'un être aimé, nous sommes éloignés, écartés, monte alors la force du désir qui cherche à retrouver qui ou quoi lui manque. C'est ce qui manque qui est enviable, désiré.

La séparation est la condition nécessaire pour se différencier. Si nous collons aux autres, jamais nous ne serons autonomes. Sans particularité ni originalité, nous ne pourrions jamais faire notre entrée dans la vie sociale. Quitter ses parents, quitter une camaraderie, quitter une amitié, quitter peut donner accès, à travers l'épreuve, à un plaisir toujours différent sans tarir la joie des retrouvailles.

Plus il y a séparation, ou castration, plus nous ressentons notre manque ; s'aiguise alors notre désir, obligé de tendre vers un but non plus immédiat mais plus lointain. Le fruit du désir, le plaisir, sera ainsi plus mûr, plus profond, plus essentiel.

Ainsi, Jésus nous annonce que nous allons vivre « éveillés » si nous buvons son sang, si nous mangeons et avalons son corps. C'est donc grâce à sa disparition que nous prendrons le chemin d'où il est venu. En faisant notre chair de la sienne, nous ne pouvons aller que vers le Père. Le consommer, c'est faire « disparaître » en nous un support visible de sa présence pour nous structurer et nous transformer. C'est nous séparer de lui visible pour vivre de lui invisible, spirituel compagnon.

Quand il dit à un jeune homme riche : « Si tu veux être parfait, lâche tout ce que tu as et donne-le aux pauvres » (Mt XIX, 16-26), c'est encore lui dire : « Sépare-toi de choses non vivantes qui parasitent ton désir pour aller vers l'essentiel. » Il nous demande de nous libérer de ce dont nous jouissons pour être disponibles à une autre jouissance, mais encore inconnue de nous.

Il n'impose rien au jeune homme riche, il lui donne seulement le moyen nécessaire à obtenir ce qu'il dit rechercher. Mais le recherche-t-il vraiment ? Si oui, voici le prix à payer. C'est la condition de la dynamique du désir. Condition qui semble beaucoup plus difficile à accepter pour celui qui possède que pour le démuni.

Nous refusons de toutes nos forces la séparation... Mais si nous allons jusqu'au bout de notre désir, nous ne pouvons que rencontrer la séparation, la castration ou la mort, mais, comme ce jeune homme riche et vertueux, nous sommes accrochés à la sécurité qui freine nos élans. Jésus « défreine » notre désir. Mais, comme au jeune homme riche et vertueux, il nous enseigne à accélérer ; comme on dit aujourd'hui : avec lui on s'éclate ! Oui, mais en risquant le tout pour le tout. En lâchant nos plaisirs connus qui ne sont pas mauvais, mais... il y a tellement mieux !

> Certains estiment que la foi, c'est de la sublimation, c'est-à-dire que la base de la foi serait d'origine sexuelle, mais transformée en valeurs socialement reconnues, comme on peut sublimer dans la peinture des pulsions qui seraient sexuelles et dans la sculpture des pulsions qui seraient agressives, etc.

Je ne sais pas. Ces valeurs artistiques sont humaines et sociales. La vie spirituelle n'est pas une valeur sociale, quoique la vitalité spirituelle d'un seul rayonne sur tous ceux qui l'entourent.

Peut-être la foi coexiste-t-elle avec le sexuel, c'est difficile à dire. En psychanalyse, par sexuel, on entend le désir inconscient qui se manifeste dans nos comportements. Ce désir inconscient peut être en contradiction ou en accord avec notre désir conscient.

L'ardeur orale à « prendre », l'ardeur anale à « faire », à « produire », l'ardeur pénienne à « pourfendre », l'ardeur vaginale à « attirer », l'ardeur génitale à « créer », à « procréer », à donner de soi-même, ces ardeurs ne sont-elles pas sous-tendues par une certitude, une confiance, une foi en nous et dans l'objet que quête ou vise notre désir ?

A tous les niveaux de notre désir, ce qui nous rend ardent relève de la foi. Aucun désir, peut-être, n'est étranger à une dimension spirituelle, mais à notre insu.

Je pense que le spirituel est tout aussi authentique et présent chez un bébé qui s'ouvre à la vie que chez un vieillard qui se meurt, chez un criminel que chez un handicapé mental. « Endormis » que nous sommes ou « éveillés » que nous croyons être, je crois que le champ invisible du spirituel est présent chez tout être humain.

> Le spirituel est d'un tout autre domaine que le psychologique, le social...

Oui, son rayonnement les éclaire, les dynamise, leur donne sens.

Le spirituel peut quelquefois mieux s'exprimer chez un être humain qui souffre d'une impuissance, d'une névrose, d'une infirmité, d'une privation de liberté. Il y a des cas où, peut-être, le spirituel ne peut pas s'exprimer du tout, mais ce n'est pas parce qu'il ne s'exprime pas qu'il n'est pas là au centre de notre vie.

Ce que, du spirituel, nous pouvons dire dépasse le langage mais y circule néanmoins, il se propage, il se répand dans toute la vie : ce qui est créateur de joie au-delà du plaisir est, je pense, du domaine spirituel. Ce que de la joie nous n'arrivons pas à exprimer et qui laisse un souvenir ineffable de bonheur inconnu est, je crois, du domaine spirituel.

> Cependant, si nous déréglons quelques cellules du cerveau, la vie psychique est détraquée, elle

devient aberrante. Ne peut-on pas penser que notre vie, notre désir ne sont que les éléments chimiques réglés d'une certaine façon ?

Qu'est-ce que la chimie ? De la matière dont les interactions énergétiques, moléculaires opèrent des transmutations qui tombent sous nos sens. De l'énergie ? Mais l'énergie, justement, n'est-ce pas tout le temps des différences ? Des différences qui permettent la communication entre des corps, états de la matière plus ou moins stables ?

Si nous dérangeons quelques petites cellules de notre cerveau, nous ne pouvons peut-être pas parler ni nous faire comprendre, mais notre esprit n'est-il pas là, potentiel, même s'il n'a plus d'instrument ? Je crois qu'un encéphale blessé, malade, même s'il ne peut plus permettre à tel individu de dire mot, est encore preuve de vie, de désir : touché à mort dans certaines de ses fonctions, l'homme vit, et cette vie, même partielle, se soutient de désir.

Mais à quoi reconnaître que c'est le spirituel qui s'exprime ?

Bien difficile à déterminer, en effet ! Peut-être est-ce impossible. Il me semble que l'on peut savoir qu'il se manifeste quand un être ne peut pas faire autrement que de dire ce qu'il dit, quand il éprouve l'intime sentiment que, s'il ne parlait pas ou s'il n'agissait pas comme il le fait, il se renierait... Il ne peut pas agir autrement, le monde entier serait-il contre lui. C'est probablement du spirituel qu'il exprime, à son insu.

L'esprit, en se communiquant, féconde l'esprit qui le reçoit. C'est aux fruits que son passage est, à retardement, reconnaissable comme tel. C'est à la fraction du pain que les apôtres reconnurent Jésus, mais il avait alors disparu. De quelle force alors étaient-ils emplis pour aller clamer leur joie d'avoir rencontré Jésus, l'Éveillé, le Ressuscité, et l'ardeur d'amour contagieuse dont leur cœur restait embrasé !

C'est au moment où quelqu'un est possédé par ce qu'il a à dire ?

Quand il est traversé par ce qu'il a à dire, il ne peut pas faire autrement que de le dire. Oui, un sujet authentique qui exprime ce qu'il pense se donne, et plus encore qu'il ne le sait, à travers son acte et sa parole. Et nous, témoins, nous éprouvons le choc d'une vérité qui nous touche.

Il n'est alors qu'un intermédiaire ?

Il exprime un sens dont il est le médiateur. Même s'il ne parle pas ou ne peut pas parler, je le découvre ou le contemple comme livrant une vérité, peut-être provisoire, qui m'ouvre à plus de sens. Mais, même alors, il se peut que je sois devant l'inconscient de l'autre indécodable, ou peut-être devant Dieu, énigme du sens ultime.

Il peut s'agir d'un faux sens, d'un non-sens. Comment le savoir ?

On ne le sait pas. Nous connaissons le spirituel aux effets ultérieurs qu'il porte dans notre vie. Si notre existence est soulevée, si plus de sens, plus de joie y sont rencontrés, alors je peux dire : c'est du spirituel. Si, au contraire, notre vie est aplatie, rampante, desséchée, dépourvue de sens, peut-on parler alors de spirituel ? Je ne sais pas.

Le sens spirituel n'est décelable qu'après coup... et souvent dans une attente qui semble dramatique. L'espoir se lève alors en ces périodes difficiles qui apparaissent néfastes à nos yeux bornés. Dans les pires moments, nous savons que du grain qui semble mourir jaillira une moisson. Les desseins de Dieu, quel silence ! Escompter dépister à coup sûr le spirituel dans nos vies est une gageure.

« Veillez et priez », c'est ce que Jésus de Nazareth nous a demandé. « Je suis avec vous, tous les jours, jusqu'à la fin du monde », c'est ce qu'il nous a confié. « Si plusieurs sont réunis en mon nom, je suis au milieu d'eux. » Il est là, Lui, le Maître du désir que tout humain porte en soi.

De manque en manque, il conduit celui qui continue à désirer, celui qui ne s'endort pas sur des certitudes humaines prudemment rassurantes.

Par des voies mystérieuses, imprévisibles et illogiques, Jésus, l'« Éveillé », entraîne chacun au pur amour en qui tout est liberté.

# Index
# des textes bibliques

On trouvera ci-dessous les références des passages bibliques évoqués par Françoise Dolto et Gérard Sévérin dans :

E* *l'Évangile au risque de la psychanalyse,* t. I (coll. « Points », nº 111)

E** *l'Évangile au risque de la psychanalyse,* t. II (coll. « Points », nº 145)

F *la Foi au risque de la psychanalyse.*

Les pages figurant en caractères gras correspondent à des commentaires plus importants.

# Table

BRODARD ET TAUPIN À LA FLÈCHE (9-87)
D.L. NOVEMBRE 1983. N° 6623-3 (6815-5)

## Collection Points

1. Histoire du surréalisme, *par Maurice Nadeau*
2. Une théorie scientifique de la culture *par Bronislaw Malinowski*
3. Malraux, Camus, Sartre, Bernanos, *par Emmanuel Mounier*
4. L'Homme unidimensionnel, *par Herbert Marcuse* (épuisé)
5. Écrits I, *par Jacques Lacan*
6. Le Phénomène humain, *par Pierre Teilhard de Chardin*
7. Les Cols blancs, *par C. Wright Mills*
8. Stendhal, Flaubert, *par Jean-Pierre Richard*
9. La Nature dé-naturée, *par Jean Dorst*
10. Mythologies, *par Roland Barthes*
11. Le Nouveau Théâtre américain, *par Franck Jotterand* (épuisé)
12. Morphologie du conte, *par Vladimir Propp*
13. L'Action sociale, *par Guy Rocher*
14. L'Organisation sociale, *par Guy Rocher*
15. Le Changement social, *par Guy Rocher*
16. Les Étapes de la croissance économique, *par W. W. Rostow*
17. Essais de linguistique générale, *par Roman Jakobson* (épuisé)
18. La Philosophie critique de l'histoire, *par Raymond Aron*
19. Essais de sociologie, *par Marcel Mauss*
20. La Part maudite, *par Georges Bataille* (épuisé)
21. Écrits II, *par Jacques Lacan*
22. Éros et Civilisation, *par Herbert Marcuse* (épuisé)
23. Histoire du roman français depuis 1918 *par Claude-Edmonde Magny*
24. L'Écriture et l'Expérience des limites, *par Philippe Sollers*
25. La Charte d'Athènes, *par Le Corbusier*
26. Peau noire, Masques blancs, *par Frantz Fanon*
27. Anthropologie, *par Edward Sapir*
28. Le Phénomène bureaucratique, *par Michel Crozier*
29. Vers une civilisation du loisir ?, *par Joffre Dumazedier*
30. Pour une bibliothèque scientifique, *par François Russo* (épuisé)
31. Lecture de Brecht, *par Bernard Dort*
32. Ville et Révolution, *par Anatole Kopp* (épuisé)
33. Mise en scène de Phèdre, *par Jean-Louis Barrault*
34. Les Stars, *par Edgar Morin*
35. Le Degré zéro de l'écriture, *suivi de* Nouveaux Essais critiques *par Roland Barthes*
36. Libérer l'avenir, *par Ivan Illich*
37. Structure et Fonction dans la société primitive *par A. R. Radcliffe-Brown*
38. Les Droits de l'écrivain, *par Alexandre Soljénitsyne*
39. Le Retour du tragique, *par Jean-Marie Domenach*

41. La Concurrence capitaliste
*par Jean Cartell et Pierre-Yves Cossé* (épuisé)
42. Mise en scène d'Othello, *par Constantin Stanislavski*
43. Le Hasard et la Nécessité, *par Jacques Monod*
44. Le Structuralisme en linguistique, *par Oswald Ducrot*
45. Le Structuralisme : Poétique, *par Tzvetan Todorov*
46. Le Structuralisme en anthropologie, *par Dan Sperber*
47. Le Structuralisme en psychanalyse, *par Moustafa Safouan*
48. Le Structuralisme : Philosophie, *par François Wahl*
49. Le Cas Dominique, *par Françoise Dolto*
51. Trois Essais sur le comportement animal et humain
*par Konrad Lorenz*
52. Le Droit à la ville, *suivi de* Espace et Politique
*par Henri Lefebvre*
53. Poèmes, *par Léopold Sédar Senghor*
54. Les Élégies de Duino, *suivi de* les Sonnets à Orphée
*par Rainer Maria Rilke* (édition bilingue)
55. Pour la sociologie, *par Alain Touraine*
56. Traité du caractère, *par Emmanuel Mounier*
57. L'Enfant, sa « maladie » et les autres, *par Maud Mannoni*
58. Langage et Connaissance, *par Adam Schaff*
59. Une saison au Congo, *par Aimé Césaire*
61. Psychanalyser, *par Serge Leclaire*
63. Mort de la famille, *par David Cooper*
64. A quoi sert la Bourse ?, *par Jean-Claude Leconte* (épuisé)
65. La Convivialité, *par Ivan Illich*
66. L'Idéologie structuraliste, *par Henri Lefebvre*
67. La Vérité des prix, *par Hubert Lévy-Lambert* (épuisé)
68. Pour Gramsci, *par Maria-Antonietta Macciocchi*
69. Psychanalyse et Pédiatrie, *par Françoise Dolto*
70. S/Z, *par Roland Barthes*
71. Poésie et Profondeur, *par Jean-Pierre Richard*
72. Le Sauvage et l'Ordinateur, *par Jean-Marie Domenach*
73. Introduction à la littérature fantastique
*par Tzvetan Todorov*
74. Figures I, *par Gérard Genette*
75. Dix Grandes Notions de la sociologie
*par Jean Cazeneuve*
76. Mary Barnes, un voyage à travers la folie
*par Mary Barnes et Joseph Berke*
77. L'Homme et la Mort, *par Edgar Morin*
78. Poétique du récit, *par Roland Barthes, Wayne Booth*
*Philippe Hamon et Wolfgang Kayser*
79. Les Libérateurs de l'amour, *par Alexandrian*
80. Le Macroscope, *par Joël de Rosnay*
81. Délivrance, *par Maurice Clavel et Philippe Sollers*

82. Système de la peinture, *par Marcelin Pleynet*
83. Pour comprendre les média, *par M. McLuhan*
84. L'Invasion pharmaceutique
*par Jean-Pierre Dupuy et Serge Karsenty*
85. Huit Questions de poétique, *par Roman Jakobson*
86. Lectures du désir, *par Raymond Jean*
87. Le Traître, *par André Gorz*
88. Psychiatrie et Anti-Psychiatrie, *par David Cooper*
89. La Dimension cachée, *par Edward T. Hall*
90. Les Vivants et la Mort, *par Jean Ziegler*
91. L'Unité de l'homme, *par le Centre Royaumont*
1. Le primate et l'homme
*par E. Morin et M. Piattelli-Palmarini*
92. L'Unité de l'homme, *par le Centre Royaumont*
2. Le cerveau humain
*par E. Morin et M. Piattelli-Palmarini*
93. L'Unité de l'homme, *par le Centre Royaumont*
3. Pour une anthropologie fondamentale
*par E. Morin et M. Piattelli-Palmarini*
94. Pensées, *par Blaise Pascal*
95. L'Exil intérieur, *par Roland Jaccard*
96. Semeiotiké, recherches pour une sémanalyse
*par Julia Kristeva*
97. Sur Racine, *par Roland Barthes*
98. Structures syntaxiques, *par Noam Chomsky*
99. Le Psychiatre, son « fou » et la psychanalyse
*par Maud Mannoni*
100. L'Écriture et la Différence, *par Jacques Derrida*
101. Le Pouvoir africain, *par Jean Ziegler*
102. Une logique de la communication
*par P. Watzlawick, J. Helmick Beavin, Don D. Jackson*
103. Sémantique de la poésie, *par T. Todorov, W. Empson*
*J. Cohen, G. Hartman et F. Rigolot*
104. De la France, *par Maria-Antonietta Macciocchi*
105. Small is beautiful, *par E. F. Schumacher*
106. Figures II, *par Gérard Genette*
107. L'Œuvre ouverte, *par Umberto Eco*
108. L'Urbanisme, *par Françoise Choay*
109. Le Paradigme perdu, *par Edgar Morin*
110. Dictionnaire encyclopédique des sciences du langage
*par Oswald Ducrot et Tzvetan Todorov*
111. L'Évangile au risque de la psychanalyse (tome 1)
*par Françoise Dolto*
112. Un enfant dans l'asile, *par Jean Sandretto*
113. Recherche de Proust, *ouvrage collectif*
114. La Question homosexuelle, *par Marc Oraison*

115. De la psychose paranoïaque dans ses rapports
avec la personnalité, *par Jacques Lacan*
116. Sade, Fourier, Loyola, *par Roland Barthes*
117. Une société sans école, *par Ivan Illich*
118. Mauvaises Pensées d'un travailleur social
*par Jean Marie Geng*
120. Poétique de la prose, *par Tzvetan Todorov*
121. Théorie d'ensemble, *par Tel Quel*
122. Némésis médicale, *par Ivan Illich*
123. La Méthode
1. La Nature de la Nature, *par Edgar Morin*
124. Le Désir et la Perversion, *ouvrage collectif*
125. Le langage, cet inconnu, *par Julia Kristeva*
126. On tue un enfant, *par Serge Leclaire*
127. Essais critiques, *par Roland Barthes*
128. Le Je-ne-sais-quoi et le Presque-rien
1. La manière et l'occasion, *par Vladimir Jankélévitch*
129. L'Analyse structurale du récit, Communications 8
*ouvrage collectif*
130. Changements, Paradoxes et Psychothérapie
*par P. Watzlawick, J. Weakland et R. Fisch*
131. Onze Études sur la poésie moderne, *par Jean-Pierre Richard*
132. L'Enfant arriéré et sa mère, *par Maud Mannoni*
133. La Prairie perdue (Le roman américain), *par Jacques Cabau*
134. Le Je-ne-sais-quoi et le Presque-rien
2. La méconnaissance, *par Vladimir Jankélévitch*
135. Le Plaisir du texte, *par Roland Barthes*
136. La Nouvelle Communication, *ouvrage collectif*
137. Le Vif du sujet, *par Edgar Morin*
138. Théories du langage, Théories de l'apprentissage
*par le Centre Royaumont*
139. Baudelaire, la Femme et Dieu, *par Pierre Emmanuel*
140. Autisme et Psychose de l'enfant, *par Frances Tustin*
141. Le Harem et les Cousins, *par Germaine Tillion*
142. Littérature et Réalité, *ouvrage collectif*
143. La Rumeur d'Orléans, *par Edgar Morin*
144. Partage des femmes, *par Eugénie Lemoine-Luccioni*
145. L'Évangile au risque de la psychanalyse (tome 2)
*par Françoise Dolto*
146. Rhétorique générale, *par le Groupe* μ
147. Système de la Mode, *par Roland Barthes*
148. Démasquer le réel, *par Serge Leclaire*
149. Le Juif imaginaire, *par Alain Finkielkraut*
150. Travail de Flaubert, *ouvrage collectif*
151. Journal de Californie, *par Edgar Morin*
152. Pouvoirs de l'horreur, *par Julia Kristeva*

153. Introduction à la philosophie de l'histoire de Hegel
*par Jean Hyppolite*
154. La Foi au risque de la psychanalyse
*par Françoise Dolto et Gérard Sévérin*
155. Un lieu pour vivre, *par Maud Mannoni*
156. Scandale de la vérité, *suivi de*
Nous autres, Français, *par Georges Bernanos*
157. Enquête sur les idées contemporaines
*par Jean-Marie Domenach*
158. L'Affaire Jésus, *par Henri Guillemin*
159. Paroles d'étranger, *par Elie Wiesel*
160. Le Langage silencieux, *par Edward T. Hall*
161. La Rive gauche, *par Herbert R. Lottman*
162. La Réalité de la réalité, *par Paul Watzlawick*
163. Les Chemins de la vie, *par Joël de Rosnay*
164. Dandies, *par Roger Kempf*
165. Histoire personnelle de la France, *par François George*
166. La Puissance et la Fragilité, *par Jean Hamburger*
167. Le Traité du sablier, *par Ernst Jünger*
168. Pensée de Rousseau, *ouvrage collectif*
169. La Violence du calme, *par Viviane Forrester*
170. Pour sortir du XXe siècle, *par Edgar Morin*
171. La Communication, Hermès I
*par Michel Serres*
172. Sexualités occidentales, Communications 35
*ouvrage collectif*
173. Lettre aux Anglais, *par Georges Bernanos*
174. La Révolution du langage poétique
*par Julia Kristeva*
175. La Méthode
2. La Vie de la Vie, *par Edgar Morin*
176. Théories du symbole, *par Tzvetan Todorov*
177. Mémoires d'un névropathe
*par Daniel Paul Schreber*
178. Les Indes, *par Édouard Glissant*
179. Clefs pour l'Imaginaire ou l'Autre Scène
*par Octave Mannoni*
180. La Sociologie des organisations, *par Philippe Bernoux*
181. Théorie des genres, *ouvrage collectif*
182. Le Je-ne-sais-quoi et le Presque-rien
3. La volonté de vouloir, *par Vladimir Jankélévitch*
183. Le Traité du rebelle, *par Ernst Jünger*
184. Un homme en trop, *par Claude Lefort*
185. Théâtres, *par Bernard Dort*
186. Le Langage du changement, *par Paul Watzlawick*
187. Lettre ouverte à Freud, *par Lou Andreas-Salomé*

188. La Notion de littérature, *par Tzvetan Todorov*
189. Choix de poèmes, *par Jean-Claude Renard*
190. Le Langage et son double, *par Julien Green*
191. Au-delà de la culture, *par Edward T. Hall*

# Collection Points

## SÉRIE ROMAN

DERNIERS TITRES PARUS

R128. Le Mendiant de Jérusalem, *par Elie Wiesel*
R129. Mortelle, *par Christopher Frank*
R130. La France m'épuise, *par Jean-Louis Curtis*
R131. Le Chevalier inexistant, *par Italo Calvino*
R132. Dialogues des Carmélites, *par Georges Bernanos*
R133. L'Étrusque, *par Mika Waltari*
R134. La Rencontre des hommes, *par Benigno Cacérès*
R135. Le Petit Monde de Don Camillo, *par Giovanni Guareschi*
R136. Le Masque de Dimitrios, *par Eric Ambler*
R137. L'Ami de Vincent, *par Jean-Marc Roberts*
R138. Un homme au singulier, *par Christopher Isherwood*
R139. La Maison du désir, *par France Huser*
R140. Moi et ma cheminée, *par Herman Melville*
R141. Les Fous de Bassan, *par Anne Hébert*
R142. Les Stigmates, *par Luc Estang*
R143. Le Chat et la Souris, *par Günter Grass*
R144. Loïca, *par Dorothée Letessier*
R145. Paradiso, *par José Lezama Lima*
R146. Passage de Milan, *par Michel Butor*
R147. Anonymus, *par Michèle Manceaux*
R148. La Femme du dimanche
*par Carlo Fruttero et Franco Lucentini*
R149. L'Amour monstre, *par Louis Pauwels*
R150. L'Arbre à soleils, *par Henri Gougaud*
R151. Traité du zen et de l'entretien des motocyclettes
*par Robert M. Pirsig*
R152. L'Enfant du cinquième Nord, *par Pierre Billon*
R153. N'envoyez plus de roses, *par Eric Ambler*
R154. Les Trois Vies de Babe Ozouf, *par Didier Decoin*
R155. Le Vert Paradis, *par André Brincourt*
R156. Varouna, *par Julien Green*
R157. L'Incendie de Los Angeles, *par Nathanaël West*
R158. Les Belles de Tunis, *par Nine Moati*
R159. Vertes Demeures, *par William Henry Hudson*
R160. Les Grandes Vacances, *par Francis Ambrière*
R161. Ceux de 14, *par Maurice Genevoix*
R162. Les Villes invisibles, *par Italo Calvino*
R163. L'Agent secret, *par Graham Greene*
R164. La Lézarde, *par Edouard Glissant*

R165. Le Grand Escroc, *par Herman Melville*
R166. Lettre à un ami perdu, *par Patrick Besson*
R167. Evaristo Carriego, *par Jorge Luis Borges*
R168. La Guitare, *par Michel del Castillo*
R169. Épitaphe pour un espion, *par Eric Ambler*
R170. Fin de saison au Palazzo Pedrotti, *par Frédéric Vitoux*
R171. Jeunes Années. Autobiographie 1, *par Julien Green*
R172. Jeunes Années. Autobiographie 2, *par Julien Green*
R173. Les Égarés, *par Frédérick Tristan*
R174. Une affaire de famille, *par Christian Giudicelli*
R175. Le Testament amoureux, *par Rezvani*
R176. C'était cela notre amour, *par Marie Susini*
R177. Souvenirs du triangle d'or, *par Alain Robbe-Grillet*
R178. Les Lauriers du lac de Constance, *par Marie Chaix*
R179. Plan B, *par Chester Himes*
R180. Le Sommeil agité, *par Jean-Marc Roberts*
R181. Roman Roi, *par Renaud Camus*
R182. Vingt Ans et des poussières
*par Didier van Cauwelaert*
R183. Le Château des destins croisés
*par Italo Calvino*
R184. Le Vent de la nuit, *par Michel del Castillo*
R185. Une curieuse solitude, *par Philippe Sollers*
R186. Les Trafiquants d'armes, *par Eric Ambler*
R187. Un printemps froid, *par Danièle Sallenave*
R188. Mickey l'Ange, *par Geneviève Dormann*
R189. Histoire de la mer, *par Jean Cayrol*
R190. Senso, *par Camillo Boito*
R191. Sous le soleil de Satan, *par Georges Bernanos*
R192. Niembsch ou l'immobilité, *par Peter Härtling*
R193. Prends garde à la douceur des choses
*par Raphaële Billetdoux*
R194. L'Agneau carnivore, *par Agustin Gomez-Arcos*
R195. L'Imposture, *par Georges Bernanos*
R196. Ararat, *par D. M. Thomas*
R197. La Croisière de l'angoisse, *par Eric Ambler*
R198. Léviathan, *par Julien Green*
R199. Sarnia, *par Gerald Basil Edwards*
R200. Le Colleur d'affiches, *par Michel del Castillo*
R201. Un mariage poids moyen, *par John Irving*
R202. John l'Enfer, *par Didier Decoin*
R203. Les Chambres de bois, *par Anne Hébert*
R204. Mémoires d'un jeune homme rangé
*par Tristan Bernard*
R205. Le Sourire du Chat, *par François Maspero*
R206. L'Inquisiteur, *par Henri Gougaud*

R207. La Nuit américaine, *par Christopher Frank*
R208. Jeunesse dans une ville normande
*par Jacques-Pierre Amette*
R209. Fantôme d'une puce, *par Michel Braudeau*
R210. L'Avenir radieux, *par Alexandre Zinoviev*
R211. Constance D., *par Christian Combaz*
R212. Épaves, *par Julien Green*
R213. La Leçon du maître, *par Henry James*
R214. Récit des temps perdus, *par Aris Fakinos*
R215. La Fosse aux chiens, *par John Cowper Powys*
R216. Les Portes de la forêt, *par Elie Wiesel*
R217. L'Affaire Deltchev, *par Eric Ambler*
R218. Les amandiers sont morts de leurs blessures
*par Tahar Ben Jelloun*
R219. L'Admiroir, *par Anny Duperey*
R220. Les Grands Cimetières sous la lune, *par Georges Bernanos*
R221. La Créature, *par Étienne Barilier*
R222. Un Anglais sous les tropiques, *par William Boyd*
R223. La Gloire de Dina, *par Michel del Castillo*
R224. Poisson d'amour, *par Didier van Cauwelaert*
R225. Les Yeux fermés, *par Marie Susini*
R226. Cobra, *par Severo Sarduy*
R227. Cavalerie rouge, *par Isaac Babel*
R228. Tous les soleils, *par Bertrand Visage*
R229. Pétersbourg, *par Andréi Biély*
R230. Récits d'un jeune médecin, *par Mikhaïl Boulgakov*
R231. La Maison des prophètes, *par Nicolas Saudray*
R232. Trois Heures du matin à New York
*par Herbert Lieberman*
R233. La Mère du printemps, *par Driss Chraïbi*
R234. Adrienne Mesurat, *par Julien Green*
R235. Jusqu'à la mort, *par Amos Oz*
R236. Les Envoûtés, *par Witold Gombrowicz*
R237. Frontière des ténèbres, *par Eric Ambler*
R238. Les Deux Sacrements, *par Heinrich Böll*
R239. Cherchant qui dévorer, *par Luc Estang*
R240. Le Tournant, histoire d'une vie, *par Klaus Mann*
R241. Aurélia, *par France Huser*
R242. Le Sixième Hiver, *par Douglas Orgill et John Gribbin*
R243. Naissance d'un spectre, *par Frédérick Tristan*
R244. Lorelei, *par Maurice Genevoix*
R245. Le Bois de la nuit, *par Djuna Barnes*
R246. La Caverne céleste, *par Patrick Grainville*
R247. L'Alliance, tome 1, *par James A. Michener*
R248. L'Alliance, tome 2, *par James A. Michener*
R249. Juliette, chemin des Cerisiers, *par Marie Chaix*

R250. Le Baiser de la femme-araignée, *par Manuel Puig*
R251. Le Vésuve, *par Emmanuel Roblès*
R252. Comme neige au soleil, *par William Boyd*
R253. Palomar, *par Italo Calvino*
R254. Le Visionnaire, *par Julien Green*
R255. La Revanche, *par Henry James*
R256. Les Années-lumière, *par Rezvani*
R257. La Crypte des capucins, *par Joseph Roth*
R258. La Femme publique, *par Dominique Garnier*
R259. Maggie Cassidy, *par Jack Kerouac*
R260. Mélancolie Nord, *par Michel Rio*
R261. Énergie du désespoir, *par Eric Ambler*
R262. L'Aube, *par Elie Wiesel*
R263. Le Paradis des orages, *par Patrick Grainville*
R264. L'Ouverture des bras de l'homme, *par Raphaële Billetdoux*
R265. Méchant, *par Jean-Marc Roberts*
R266. Un policeman, *par Didier Decoin*
R267. Les Corps étrangers, *par Jean Cayrol*
R268. Naissance d'une passion, *par Michel Braudeau*
R269. Dara, *par Patrick Besson*
R270. Parias, *par Pascal Bruckner*
R271. Le Soleil et la Roue, *par Rose Vincent*
R272. Le Malfaiteur, *par Julien Green*
R273. Scarlett, si possible, *par Katherine Pancol*
R274. Journal d'une fille de Harlem, *par Julius Horwitz*
R275. Le Nez de Mazarin, *par Anny Duperey*
R276. La Chasse à la licorne, *par Emmanuel Roblès*
R277. Red Fox, *par Anthony Hyde*
R278. Minuit, *par Julien Green*
R279. L'Enfer, *par René Belletto*
R280. Et si on parlait d'amour, *par Claire Gallois*
R281. Pologne, *par James A. Michener*
R282. Notre homme, *par Louis Gardel*
R283. La Nuit du solstice, *par Herbert Lieberman*
R284. Place de Sienne, côté ombre
*par Carlo Fruttero et Franco Lucentini*
R285. Meurtre au comité central
*par Manuel Vázquez Montalbán*
R286. L'Isolé-soleil, *par Daniel Maximin*
R287. Samedi soir, dimanche matin, *par Alan Sillitoe*
R288. Petit Louis, dit XIV, *par Claude Duneton*
R289. Le Perchoir du perroquet, *par Michel Rio*
R290. L'Enfant pain, *par Agustin Gomez-Arcos*
R291. Les Années Lula, *par Rezvani*
R292. Michael K, sa vie, son temps, *par J.M. Coetzee*
R293. La Connaissance de la douleur, *par Carlo Emilio Gadda*